是以欲上民，必以言下之；欲先民，
必以身后之。

在消除对方疑虑取得信任的过程中，
好态度是一个不容忽视的重要因素。

社交心理学
一本就够

SHEJIAO XINLIXUE YIBEN JIUGOU

连山 ——— 编著

江西美术出版社
全国百佳出版单位

图书在版编目（CIP）数据

社交心理学一本就够 / 连山编著 . -- 南昌：
江西美术出版社 , 2017.7（2021.11 重印）
ISBN 978-7-5480-5439-9

Ⅰ . ①社… Ⅱ . ①连… Ⅲ . ①心理交往—社会心理学
—通俗读物Ⅳ . ① C912.1-49

中国版本图书馆 CIP 数据核字 (2017) 第 112564 号

社交心理学一本就够 连山 编著

出 版：江西美术出版社
社 址：南昌市子安路 66 号 邮编：330025
电 话：0791-86566329
发 行：010-88893001
印 刷：三河市京兰印务有限公司
版 次：2017 年 10 月第 1 版
印 次：2021 年 11 月第 6 次印刷
开 本：880mm×1230mm 1/32
印 张：8
书 号：ISBN 978-7-5480-5439-9
定 价：35.00 元

前　言

任何人都无法孤单地活在世上，在人际关系越来越重要的现代社会更是如此。每一个人生活的幸福、工作的成功都离不开与他人的交往。在人际交往的过程中，我们难免会碰到这样那样的问题，比如：如何塑造良好的第一印象？怎样快速说服别人？怎样让别人跟自己愉快合作？怎样在职场中获得上司的青睐、同事的支持……如果不能很好地解决这些问题，就会影响人际交往的成效，影响人际关系的建立与发展，甚至影响事业的成功。

现实生活中，有的人潇洒从容，谈笑风生间诸多问题就得以迎刃而解；有的人忙忙碌碌，到头来却还是一事无成，落寞失意。当今社会，人心日趋复杂，竞争几近沸腾，仅靠着一副好心肠已很难应对现实的挑战。接连不断的困顿和坎坷，都在告诉你一个不争的事实——只靠着一股蛮劲横冲直撞，是抵达成功的最远路途，在社会交往中懂得策略才是做人做事的最大资本。害人之心不可有，但防人之心不可无，我们无意去伤害他人，却不得不学会保护自己。策略是使环境对自己更加有利的计策谋略，是令事业更上一层楼的巧言妙语。在处理各种事情的时候，懂得用策略来做润滑剂，困难的事情往往就会变得简单起来。有策略的人，做什么都易如反掌；相反，如果不懂策略，不知提防别人，不知藏巧于拙，就会处处碰壁，庸碌一生。我们要想在这个高速运转的社会保护自己，发展自己，就一定要懂社交策略。

要掌握社交策略就不能不懂心理学。只有走入他人的内心深处，把握心理脉搏，洞悉人心的奥妙变化，才能运用恰当的策略赢得人心！聪明的人之所以聪明，成功的人之所以成功，就是因为他们懂得将心理学与社交策略结合起来，时刻注意运用心理策略辨人识人，营造和谐的人际关系，知道何为"难得糊涂"，懂得进退有度，因而能在各种人生场景中游刃有余。如果你不懂为人处世的心理策略，不知与上级、同事、下属、朋友、爱人、家人的相处之道，就难免处处碰壁，使人生陷于庸碌无为的困局。懂得心理策略，既能防止别人伤害到自己，同时也可以增强自身的竞争力和适应力，为我们的人生创造更多的可能和精彩。

人际关系的成败，与心理学有着千丝万缕的联系，一旦掌握了相关的心理学知识，工作和生活中的许多难题就能迎刃而解，就能建立起完美的人际关系。《社交心理学一本就够》旨在帮助读者运用心理学的知识和技能，建立完美的人际关系。全书从交友、职场、商场、爱情等与人们生活息息相关的各方面讲述人际关系中的心理学知识和技巧，深入挖掘人性背后的心理秘密，巧妙揭示人们内心深处的行为动机，以期帮助读者迅速提高说话办事的能力，掌控人际交往主动权，从而避免挫折和损失，一步一步地落实自己的人生计划，获得事业的成功和生活的幸福。

本书从现实出发，最终又回到现实，相信每一位读者都能够从本书中找到自己需要的社交策略。只要你真正领会了心理学的奥妙，你就能将人生的主动权牢牢握在手中，人生之路就会越走越通畅顺达。

目录
CONTENTS
社交心理学一本就够

第一篇

眼明心亮，
结交益友的策略

巧说第一句话，陌生人也能一见如故

　　假如在一个严冬的夜晚，与一位现在很陌生、但希望将来能成为朋友的人见面，你想说些什么作为初次见面的开场白呢？

　　大多数人都认为从谈天气切入最好，如"今晚好冷啊"。可是，单纯地使用它，虽然能彼此引出一些话来，但这些话往往对你们彼此无关紧要，于是，再深一步地交谈也就出现困难了。不过，如果你这样说："哦，今晚好冷！像我这种在南方长大的人，尽管在这里住了几年，但对这种天气还是难以适应。"相信，对方若也是在南方长大的，就会引起共鸣，接着你的话头说出一些有关的事；对方若是在北方长大的，他也会因为你在寒暄中提到了自己的故乡在南方，而对你的一些情况发生兴趣，有了要进一步了解你的欲望，从而可把你们的交往引向深入。

　　要知道，人都是独立的个体，都具有思维能力，与陌生人打交道时，你与对方都会存有一定的戒心，这也是初次交往的一种障碍。而初次交往的成败，关键就要看你们如何冲破这道障碍。如果你用第一句话吸引对方，或是讲对方比较了解的事，那么，第一次谈话就不仅仅是形式上的客套了。如果运用得巧妙，双方会因此打成一片，变得容易接近。

　　实际交往过程中，有的人采用一种很自然的、叙述型的谈话开头，也能给人一种亲切感，同时还能让人想继续向他询问一些细节。

　　在一个街道的计划生育办公室，一名记者正在了解此地青年男女早婚早育的情况。那位主管此事的女干部没有像他想象的那样给他列举一堆的数字，而是很自然

地为他讲了个故事。

"今年的元月26日那天，这个街区某校的一名15岁的高中少女，初次见到本区的一个体户青年，这个青年也不过20岁出头，刚刚到法定的结婚年龄。元月29日，也就是距他们相识不过3天的时间。他们就双双到当地婚姻登记机构要求登记结婚，那少女发誓说她已工作，父母远在边疆，因此无须取得父母的同意。婚姻登记机构当然不相信，一定要她出示户口本以验证她的实际年龄，但他们却不知从哪里找来一治安人员，硬是替他们做了证，领取了结婚证书。就这样新郎为新娘租了一家旅馆，两人在那里住了3个月有余，少女的母亲发现已为时过晚，因为少女已经怀孕，而新郎却在此后突然不知去向，并到此为止，一直再没出现过。"

听完故事后，记者非常喜欢这段自然的开头，因为那名女干部说出具体的时间，令人预感将要有一段回忆或暗示一件有趣的事情要发生。令人产生渴望要了解细节的欲望，既为其采访提供了很好的素材，同时也从侧面揭示出早婚早育的后果。

总结来说，说第一句话的原则就是亲热、贴心、消除陌生感。常见方式主要有三种：

1.问候式

"您好"是向对方问候致意的常用语。如能因对象、时间的不同而使用不同的问候语，效果则更好。对德高望重的长者，宜说"您老人家好"，以示敬意；对年龄跟自己相仿者，称"老×（姓），您好"，显得亲切；对方是医生、教师，说"李医师，您好""王老师，您好"，有尊重意味。节日期间，说"节日好""新年好"，给人以祝贺之感；早晨说"您早""早上好"则比"您好"更得体。

2.攀认式

赤壁之战中，鲁肃见诸葛亮的第一句话是："我，子瑜友也。"子瑜，就是诸葛亮的哥哥诸葛瑾，他是鲁肃的挚友。短短的一句话就定下了鲁肃跟诸葛亮之间的交情。其实，任何两个人，只要彼此留意，就不难发现双方有着这样或那样的"亲""友"关系。

例如，"你是××大学毕业生，我曾在××进修过两年。说起来，我们还是校友呢！""您来自苏州，我出生在无锡，两地近在咫尺，今天能遇同乡，令人欣慰！"

3.敬慕式

对初次见面者表示敬重、仰慕，这是热情有礼的表现。用这种方式必须注意：要掌握分寸，恰到好处，不能胡乱吹捧，不说"久闻大名，如雷贯耳"之类的过头话。表示敬慕的内容也应该因时因地而异。

例如，"您的大作《教你能说会道》我读过多遍，受益匪浅。想不到今天竟能在这里一睹作者风采！""桂林山水甲天下。我很高兴能在这美丽的地方见到您这位著名的山水画家。"

不过，说好了第一句话，仅仅是良好的开端。要想谈得有味，谈得投机，你还得在谈话的过程中寻找新的共同感兴趣的话题，这样才能吸引对方，使谈话顺利地进行下去。

用细微动作可以拉近与陌生人的距离

与陌生人相处时，必须在缩短距离上下功夫，力求在短时间内了解得多些，缩短彼此的距离，力求在感情上融洽起来。孔子说："道不同，不相为谋。"志同道合，才能谈得拢。

我们在百货公司买衬衫或领带时，女店员总是会说："我替你量一下尺寸吧！"

这是因为对方要替你量尺寸时，她的身体势必会接近过来，有时还接近到只有情侣之间才可能的极近距离，使得被接近者的心中涌起一种兴奋感。

每个人对自己身体周围，都会有一种势力范围的感觉，而这种靠近身体的势力范围内，通常只能允许亲近之人接近。如果一个人允许别人进入他的身体四周，就会有种已经承认和对方有亲近关系的错觉，这一原理对任何人来说都是相同的。

本来一对陌生的男女，只要能把手放在对方的肩膀上，心理的距离就会一下子缩短，有时瞬间就成为情侣的关系。推销员就常用这种方法，他们经常一边谈话，一边很自然地移动位置，跟顾客离得很近。

因此，只要你想及早造成亲密关系，就应制造出自然接近对方身体的机会。

有一场篮球比赛，一位教练要训斥一名犯了错的球员。他首先把球员叫到跟前，紧盯着他的眼，要这位年轻小伙子注意一些问题，训完之后，教练轻轻拍了拍球员的肩膀，把他送回到球场上。

教练这番举动，从心理学的观点来看，确实是深谙人心的高招。

第一，将球员叫到跟前。把对方摆在近距离前，两人之间的个人空间缩小，相对地增加对方的紧张感与压力。

第二，紧盯着对方的双眼。有研究表明，对孩子讲故事时紧盯着他的眼睛，过后孩子能把故事牢牢记住。教练盯着球员的眼睛，要他注意，用意不外乎是使对方集中精神倾听训斥。否则球员眼神闪烁、心不在焉，很可能会把教练的训斥全当成耳边风，毫不管用。

第三，轻拍球员身体，将其送回球场。实验显示，安排完全不相识的人碰面，见面时握了手和未曾握手，给人的感受大大不相同。握手的人给对方留下随和、诚恳、实在、值得信赖等良好印象，而且约有半数表示希望再见到这个人。另一方面，对于只是见面而没有肢体接触的人，则给人冷漠、专横、不诚实的负面评价。

正确接触对方身体的某些部位，是传达自己感情最贴切的沟通方式。如果教练只是责骂犯错的球员，会给对方留下"教练冷酷无情"的不快情绪。但是一经肢体接触之后，情形便可能大大改观，球员也许变得很能体谅教练的心情："教练虽然严厉，但终究是出于对我的一番好意！"

此外，与陌生人交谈，应态度谦和，有诚意，力求在缩短距离上下功夫，力求在短时间里了解得多一些。这样，感情就会渐渐融洽起来。我国有许多一见如故的美谈，许多朋友，都是由"生"变"故"和由远变近

的，愿大家都多结善缘，广交朋友。善交朋友的人，会觉得四海之内皆朋友，面对任何人，都没有陌生感。

1.适时切入

看准情势，不放过应当说话的机会，适时插入交谈，适时的"自我表现"，能让对方充分了解自己。

交谈是双边活动，光了解对方，不让对方了解自己，同样难以深谈。陌生人如能从你"切入"式的谈话中获取教益，双方会更亲近。适时切入，能把你的知识主动有效地献给对方，实际上符合"互补"原则，奠定了"情投意合"的基础。

2.借用媒介

寻找自己与陌生人之间的媒介物，以此找出共同语言，缩短双方距离。如见一位陌生人手里拿着一件什么东西，可问："这是什么……看来你在这方面一定是个行家，正巧我有个问题想向你请教。"对别人的一切显出浓厚兴趣，通过媒介物引发他们表露自我，交谈也能顺利进行。

3.留有余地

留些空缺让对方接口，使对方感到双方的心是相通的，交谈是和谐的，进而缩短距离。因此，和陌生人的交谈，千万不要把话讲完，把自己的观点讲死，而应是虚怀若谷，欢迎探讨。

不同的人、不同的心情，会有不同的需要。要想打动陌生人，就得不失时机地针对不同的需要，运用能立即奏效的心理战术。通过对方的眼神、姿势等来推测其当时的心思，再有效地运用，如拍肩、握手、拥抱等非语言沟通方式来传情达意，如果你懂得运用这些技巧，便能很快地拉近与陌生人的心理距离。

认真清点你的人脉，区分"损友"和"益友"

有些时候，我们会因为追求广泛的人脉，一不小心让人脉账户里生出一些"杂草"。这些"杂草"，就是我们在聚集人脉的时候交往到的一些"不良人士"。在我们的一生中，我们结交的朋友和与朋友相处的环境，对我们的一生会产生很大的影响。可以说，有着怎样的朋友，就会有着怎样的命运，总之人脉圈就像一个大染缸，能把你染红，也能把你染黑，关键在于自己的选择。

《伊索寓言》中有一个故事：

一只虱子常年住在一个富人的床铺上，由于它吸血的动作缓而柔，富人一直没有发现它。一天，朋友跳蚤拜访虱子。虱子对跳蚤的来访目的、个性性情，一概不闻不问，热情招待。它还主动向跳蚤介绍说："这个富人的血是香甜的，床铺是柔软的，今晚你一定要饱餐一顿！"跳蚤梦寐以求，当然满口答应，巴不得天快黑下来。

当富人睡熟时，早已迫不及待的跳蚤立即跳到他身上，狠狠地叮了一口。富人大叫着从梦乡醒来，愤怒地令人搜查。身体伶俐的跳蚤一下蹿走了，不会跳跃的虱子自然成了不速之客的替罪羊，身死人手，它到死都不清楚引起这场灾祸的根源。

正如这个寓言所要传达的意思，在选择朋友时要有自己的准则，要努力与那些乐观进取、品格高尚的人交往，这样可以保证自己有一个良好的学习和生活环境，让自己获得丰富的精神食粮以及朋友的真诚帮助，在好的环境中潜移默化地达到更高的程度。这正是孔子所说的"无友不如己者"的意思。

相反，如果你择友不慎，结交了那些行为恶劣、思想消极、品格低下的人，你会陷入这种极坏的环境难以自拔，甚至受到"恶友"的连累，成为无辜受难的"虱子"。

假如我们已不慎交上坏朋友，应采取敬而远之的态度。

总体来说要慎交以下这几种朋友：

1.吹嘘有靠山的人

一些到处吹嘘、宣扬自己有靠山的人总是在别人不问及这种事时，主动把这个"秘密"得意扬扬地说出来。对这种人，绝对要小心。

如果你详加调查，就会发现如下的事实：他说的交情匪浅的前辈，根本就不屑与他为伍；他说的有力人士，原来是虚构的人物；他说的大教授，人家根本就不认识他。

2.因人而变的人

在下属面前，总是摆出领导的臭架子，一副唯我独尊的样子；可是，在上司面前就摇身一变，像伺候国王那样，毕恭毕敬。

这一类型的人，具备"善变"的本领，而且天天琢磨此技，其编造口实、假装正经的技巧越来越高明。虽然在当前，好像不会让你受害，但你若太大意，有朝一日，定会掉入他的巧妙圈套或陷阱里，使你元气大伤。

3.搬弄是非的人

不要以为把是非告诉你的人便是你的朋友，他们很可能是希望从中得到更多的谈话材料，从你的反应中再编造故事。所以，聪明的人不应该与这种人推心置腹。而令他们远离你的办法，是对任何有关你的传闻反应冷淡，不予作答。

4.甜嘴巴的人

这种人开口便是大哥大姐，叫得又自然又亲热，也不管他和你认识多久；除此之外，还善于恭维你，拍你马屁，把你"哄"得麻酥酥的。这种人因为嘴巴伶俐，容易使人毫不设防，如果他对你有不轨之图，你陶醉不就上了他的当？而且，你会因为他的奉承而不去注意他品行上的其他缺点，容易把小人当君子，把坏人当好人。

此外，这种人可以轻易对你如此，对别人当然也可如此。所以，碰到嘴巴甜会奉承的人，年轻人必须升起你的警戒网，和他保持距离，以便好好观察。如果你冷静地不予热烈回应，假使对方有不轨之图，便会自讨没趣，露出原形。不过，为了避免"以言废人"，你不必先入为主地拒他于千里之外，但是得时刻警惕。

择友时一定要在"良"字上下功夫。固然，"金无足赤，人无完人"，我们选择的朋友，尽管也会有这样那样的不足或缺点，但必须大部分是好的，能从他身上学到很多你没有的品质，他能与你坦诚相处，道义上能互相勉励，当你有了成绩

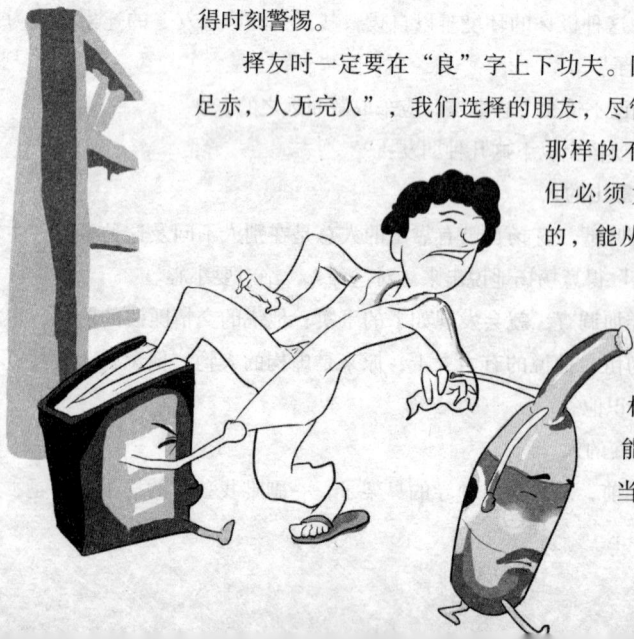

能与你分享，有了过错能严肃规劝你。把这样的人编织进你的人脉网，会成为你前进的动力。

像打理衣柜一样做好人脉资源的清理工作

在工作与学习的过程中，搜集与组织自己的关系网是有可能的，但试图维持所有关系似乎是不可能的，而想要在现有的人际网络内加进新的人或组织就更加艰难。因此，在组建人际关系网的时候，必须学会筛选放弃。换言之，你必须随时准备重新评估早已变得难以掌握的人际网络，对现有的人际关系网重新整理，放弃已不再对你感兴趣的组织和人，等等。这是生活中我们必须做的。筛选虽然不易，但仍是可以做得到的，有失才有得，才有更好的人生。

国际知名演说家菲立普女士曾经请造型顾问帕朗提帮她做造型设计，帕朗提提出要先清理她的衣柜看看。菲立普女士说："整理出来的衣服总共分成三堆：一堆送给别人；一堆回收；剩下的一小堆才是留给自己的。有许多我最喜欢的衣物都在送给别人的那一堆里，我央求帕朗提让我留下件心爱的毛衣与一条裙子。但她摇摇头说道：'不行，这些也许是你最喜爱的衣物，但它们却不适合你现在的身份与你所选择的形象。'由于她丝毫不肯让步，我也只得眼睁睁地看着自己的大半衣物被逐出家门。我必须学着舍弃那些已不再适合我的东西，而'清衣柜'也渐渐地成为我工作与生活的指导原则。不论是客户也好，朋友也好，衣服也罢，我们必须评估、再评估，懂得割舍，以便腾出空间给新的人或物。我也常把这个道理与来听演讲的听众分享，这是接受并掌握生命、生涯不断变动的一种方法。"

衣柜满了，需要清理与调整，以便腾出空间给新的衣服。同样的道理，人际关系网也需要经常清理。很多时候，当你要跟某人中断联系时，你根本无须多说什么。人海沉浮，当彼此共同的兴趣或者话题不复存在，便是分道扬镳的时候，中断联系其实是个顺其自然的过程。

清理人际关系网的道理和清除衣柜类似。帕朗提容许菲立普女士留下的衣服，当然是最美丽、最吸引人、也是剪裁最得体的几套。"舍"永远不是件容易的事，虽然有遗憾，但从此拥有的不仅都是最好的，更重要的是也有更多空间可以留给更好的。

如果我们对自己的人际网络做同样的"清除"工作，在去粗取精之后，留下来的朋友不就都是我们最乐于往来的吗？我们应该把时间与精力放在自己最乐于相处的人身上。在平时需要奔波忙碌于工作、社交与生活之间的我们，筛选人际关系网络是安排生活先后次序的第一步，也是简化我们生活的重要一步。

因此，学会筛选你的人际关系网，放弃那些对自己没有太多帮助和对自己没有多大兴趣的人，把主要的精力放在对自己未来发展有利的人身上，这样可以让你更好地掌控你的人脉、生活与事业。

平时不考验朋友，以免关键时刻可能被朋友出卖

我们都知道，狼没有黑熊那般巨大的身形，没有狮子的爆发力，可是它为什么会成为一种攻击性很强的动物呢？答案是，狼很会隐藏自己，常常趁猎物不备，一口将对方置于死地。

狼的这种在背后攻击的品性，在人群中也可以见到。

在某市电视台的新闻部里，小吴与小王是很好的朋友。他们原是中学同学，后来又进了同一所大学，可谓是"患难朋友"了。他们既是同学关系又是同事关系，所以两人都很珍视这份缘分。后来，局里要在小吴他们科室选拔一位中层领导。消息传开后，科室里的人都闻风而动，托关系，找门子，都希望自己入选。但后来传出内部消息，领导主要在考察小吴与小王。他们俩的能力都很突出，尤其是小吴，能办事，为人也不错，所以大家一致认为非小吴莫属了。因此大家都准备好，等上司一宣布，就要让小吴请客了。

几天后结果下来了，令大家吃惊的是，入选的不是小吴，而是小王。原来，小王四处活动，在上司面前极尽献媚之能事，除大大夸张自己的能力外，还处处给领导一个暗示——小吴有许多缺点，他不适合这份工作。小王与小吴相处多年，找出一些小吴的失误毫无困难，加之小王又编造了一些似乎很有说服力的证据。小王的这种阴谋活动终于让小吴淘汰出局。

你拿他当朋友，他却在背地里使坏，这其中的伤害可想而知。其实朋友变成同事，这种关系最不好处理。因为你们彼此都知情知底，很容易就会揭对方的伤疤。所以处于竞争当中的同事，必须时刻小心提防，特别要对知根知底的"朋友"防一手。正如小吴的遭遇一样，他处于一种"防不胜防"的被动而尴尬的境地。其实，他没有明白这一点：只有进攻才是最好的防守，而绝不能一味防守，否则就会成为替罪的羔羊。

要想得心应手地周旋于人脉场上，就要学会对那些"小人"的动作做出冷静客观的判断，并把这动作和自己所处的环境结合起来进行思考。然后，你便可发现其中玄机。我们虽不可为了保护自己而过于谨小慎微，但无论如何，"防人"还是必要的。正是因为有了这种"防护之心"，你才能免于身后那只掩藏的"狼"的偷袭。

中国有句古话："害人之心不可有，防人之心不可无。"人人在其工作、谋生的圈子里都有可能遇到种种陷阱，虽然我们未必是设陷阱的人，但是如果要做赢家，就必须连别人也考虑进去，防止可能会出现的麻烦。

在管理自己的人脉资源时，我们应该及时发现那些小人，明枪易躲，暗箭难防，一定要及时把他们踢出你的人脉资源。要记住，你的人脉资源并不是只带给你温馨怡人的情谊，它也有着伪情和欺骗的一面，所以，及时清除你人脉网中的小人是十分有必要的。

知人知面，更要知人心

虽然说你的朋友身后蕴藏着巨大的宝藏，但是并不是所有的朋友都是"金子"，难免会混杂着一些"煤块"。明代苏浚将朋友分为4种："道义相砥，过失相规，畏友也；缓急可共，生死可托，密友也；甘言如饴，游戏征逐，昵友也；利则相攘，患则相倾，贼友也。"因此，交友要选择，多交益友、畏友、密友，不交损友、昵友、贼友。

请检视一下自己周围的朋友，有没有背后告密的人，如有，赶紧躲得远远的，沾上这种人，也就和是非沾上了边。这种长舌人之所以可怕，是因为他的舌长的时机是有选择的，他告密的目的就是谋取好处，甚至是从你的被伤害中谋取好处。

还有一种朋友，可能此时对你真诚相待，彼时却突然翻脸不认人。至于何时变，完全根据现实的利益需要。这种人就像变色龙一样，一辈子会以几种面目示人，让你捉摸不透，更无法防范。

1898年，以康有为、梁启超为首的维新派，在中国掀起轰轰烈烈的维新变法运动。

这场变法运动不久就演变成了以光绪帝为首的维新派和以慈禧太后为首的顽固派之间的权力之争。在这场争斗中，光绪帝感到自己的处境非常危险，便写信给维新派人士杨锐："我的皇位可能保不住。你们要想办法搭救。"维新派为此都很着急。

正在这时，荣禄手下的新建陆军首领袁世凯来到北京。袁世凯在康有为、梁启超宣传维新变法的活动中，明确表态支持维新变法活动。所以康有为曾经向光绪帝推荐过袁世凯，说他是个了解洋务又主张变法的新派军人，如果

能把他拉过来，荣禄——慈禧太后的主要助手——他的力量就小多了。光绪帝认为变法要成功，非要有军人的支持不可，于是在北京召见了袁世凯，封给他侍郎的官衔，旨在拉拢袁世凯为自己效力。

当时康有为等人也认为，要使变法成功，要解救皇帝，只有杀掉荣禄。而能够完成此事的人只有袁世凯，所以谭嗣同后来又深夜密访袁世凯。袁世凯当时慷慨陈词，说杀荣禄就像杀条狗。但事实上，他是个心计多端、善于看风使舵的人，康有为和谭嗣同都没有看透他。他早就搭上了慈禧太后这条线。所以，他决定先稳住谭嗣同，再向荣禄告密。

不久，袁世凯便回天津，把谭嗣同夜访的情况一字不漏地告诉荣禄。荣禄吓得当天就到北京颐和园面见慈禧，报告光绪帝要抢先下手的事。

第二天天刚亮，慈禧怒气冲冲地进了皇宫，把光绪帝带到瀛台幽禁起来，接着下令废除变法法令，又命令逮捕维新变法人士和官员。变法经过103天，最后失败。谭嗣同、林旭、刘光第、杨锐、康广仁、杨深秀在北京菜市口被砍了脑袋。

由此可见，有些人惯于当面一套、背后一套，过河拆桥、不择手段。他们很懂得什么时候摇尾巴，什么时候摆架子；何时慈眉善目，何时如同凶神恶煞一般。他们在你春风得意时，即使不久前还是"狗眼看人低"，马上便会趋炎附势，笑容堆面；而当你遭受挫折、风光尽失后，则会避而远之，满脸不屑，甚至会落井下石。

就拿袁世凯来说，既然维新派主动找上门去，说明他在公众面前有一副维新的面孔。而实际上在维新可能成为主流的情况下，袁世凯也确实看到了维新的现实意义，于是马上与维新派打得火热，一副知己的样子；但一旦他看到了新的机会，他才不管什么朋友，自己的利益最重要，马上脸色一变，扬起背后的屠刀。

在现实生活中，并不是所有的朋友都是"金"，并不是所有的朋友都靠得住。这就给我们提出了两个值得重视的问题。一是在选择交友对象时，一定要慎重，要识得庐山真面目，要交真朋友；二是要善知人心，与不值得结交的人保持距离。

第二篇

相识了解,读懂对方的策略

看！眼睛告诉你他的心思

在面对面的交流中，眼睛对双方的行为有着很大的影响。因为眼睛是人与人沟通中最清楚、最明显的信号，它能将众多复杂的信息通过注视传递出去。

利用眼睛来观察人的心理，是人类文明进程的一大发现。早在古代，孔子就曾说过："观其眸子，人焉瘦哉！"意思就是说：想要观察一个人，就要从观察他的眼睛开始。因为一个人的想法常常会从眼神中流露出来：天真无邪的孩子，目光清澈明亮；而心怀不轨的人则眼睛混浊不正。所以，世人常将眼睛比做是心灵之窗，是交往中被观察的焦点。

西方曾流传这样一个故事，用来说明能通过眼神来看透人的思想。

在赌桌上，赌徒们刚开始赌时，通常都会先用小金额的资金下赌注，并且密切观察坐庄人的反应。当坐庄人的眼睛瞳孔突然扩大的时候，他们立即紧跟加大筹码，这样赢的概率将很大。因为赌徒们根据坐庄人的眼睛变化来肯定自己压中了。这种观察的小技巧尽管无从查证，但的确证明了人眼睛的变化同心理活动有着极为密切的关系。

既然眼睛能映射出人内心的感受，那你是否能在看到对方的眼睛时，敏锐地捕捉到他在传播的情感？

1.从目光观察对方内心变化

在人们交谈的过程中，如果对方不时地把目光移向近处，则表示他对你的谈话内容不感兴趣或另有所想；如果对方的眼神上下左右不停地转动，无法安定下来，可能是因内心害怕而说谎，通常都有难言之隐，也许是为了不失去朋友的信任，而对某些事情的真相有所隐瞒。

另外，和异性视线相遇时故意避开，表示关切对方或对对方有意；眼睛滴溜溜地转个不停的人，体现了意志力不坚，容易遭人引诱而见异思迁。

眼光流露不屑的人，显示其想表达敌视或拒绝的意思；眼神冷峻逼人，说明他对人并不信任，心理处于戒备状态。

没有表情的眼神，说明这个人心中愤愤不平或内心有所不满；交谈时对方根本不看你，可以视为对方对你不感兴趣或是不愿亲近你。

2.从瞳孔大小观察对方情绪变化

当人情绪不好、态度消极时，瞳孔就会缩小；而当人情绪高涨、态度积极时，瞳孔就会扩大。此外，据相关资料表明，一个人在极度恐惧或兴奋时，他的瞳孔一般会比正常状态下的瞳孔扩大3倍。几个人在一起打牌，假如其中一人懂得这种信号，一看到对方的瞳孔放大了，就可以肯定他抓了一把好牌，怎么玩法心里也就有底了。

3.从眼神推断对方性格品质

眼睛的神采如何，眼光是否坦荡、端正等，都可以反映出对方的德行、心地、人品、情绪。如果对方的眼睛滴溜溜地乱转，很明显，你必须心存戒备了。

躲闪对方目光的人，一向缺乏足够的信心，不仅怀有自卑感，而且性格软弱；遇到陌生人，不会主动地前去打招呼，即使打招呼也是躲闪着别人的眼睛，这样的人一般比较拘谨，在处理问题时缺乏自信，没有什么主见。当然，如果是一对恋人，那样躲闪对方的目光又是另一回事了，那表示紧张或羞涩。

不同的笑容演绎不同的心灵风景

笑，我们每一个人都会，并且我们时不时地都在笑着。心理学家们发现：笑不只是人类幽默感的体现，还是人类与他人交流的最古老的方式之一。但是，你知道吗？笑与人的性格有着一些必然的联系。

每个人不同的笑容，其实都是在演绎其不同的心灵风景。

1.开怀大笑的人

开怀大笑、笑声非常爽朗的人，多是坦率、真诚而又热情的。他们是行动派的人，决定要做一件事情，马上就会付诸行动，非常果断和迅速，绝对不会拖拖拉拉。这一类型的人，虽然表面上看起来很坚强，但他们的内心在一定程度上却是非常脆弱的。

2.捧腹大笑的人

捧腹大笑的人多为心胸开阔者。当别人取得成就以后，他们有的只是真心地祝愿，而很少产生嫉妒心理。在他人犯了错以后，他们也会给予最大限度的宽容和理解。他们很富有幽默感，总是能够让周围人感受到他们所带来的快乐，同时他们还极富有爱心和同情心，在自己的能力范围内，对他人会给予适当的帮助。他们不势利眼、不嫌贫爱富、不欺软怕硬，比较正直。

3.狂声大笑的人

平时看起来沉默少语，而且显得有些木讷，但笑起来却一发而不可收，或者经常放声狂笑，直到站不稳了。这样的人是最适合做朋友，他们虽然在与陌生人的交往中表现得不够热情和亲切，甚至是有些让人难以接近，但一旦真正与人交往，他们是十分注重友情的，并且在一定的时候，能够为朋友做出牺牲。基于这一点，有很多人乐于与他们交往，他们自己本身也会营造出比较不错的社会人际关系。

4.时常悄悄微笑的人

经常悄悄微笑的人，除了性格比较内向、害羞以外，还有一种性格特征就是他们的思维非常缜密，而且头脑异常冷静。在什么时候都能让自己跳出所在的圈子，作为一个局外人来冷眼看待事情的发生、进展情况，这样可以更有利于自己做出各种决定。他们很善于隐藏自己，绝对不会轻易将内心真实的想法告诉给别人。

5.笑得全身打晃的人

笑的幅度非常大，全身都在打晃，这样的人性格多较直率和真诚。和他们做朋友是不错的选择，因为当朋友有了错误和缺点以后，他们往往能够直言不讳地指出来，不会为了不得罪人而视而不见。他们不吝啬，在自己能力范围内对他人的需要总是会尽自己最大的努力。基于这些，在自己遇到困难的时候，也会得到来自别人的关心和帮助。他们会使大家喜欢自己，能够营造出很好的

社会人际关系。

6.看到别人笑，自己也会随之笑起来的人

看到别人笑，自己就会随之笑起来，他们多是快乐而又开朗的人，情绪因为事情的变化而变化，而且富有一定的同情心。他们对生活的态度是很积极的。

7.小心翼翼地偷着笑的人

小心翼翼地偷着笑的人，他们大多是内向型的人，性格中传统、保守的成分很多。而与此同时，他们在为人处世时又会显得有些腼腆。但是他们对他人的要求往往很高，如果达不到要求，常常会影响到自己的心情，不过他们和朋友却是可以患难与共的。

8.笑的时候用双手遮住嘴巴

笑的时候用双手遮住嘴巴，表明他是一个相当害羞的人，他们的性格大多比较内向，还比较温柔。他们一般不会轻易地向别人说出自己内心的真实想法，包括亲朋好友。

9.笑出眼泪的人

笑出眼泪来是由于笑的幅度太大所致。经常出现这种情况的人，他们的感情多是相当丰富的，具有爱心和同情心，生活态度是积极乐观和向上的，他们有一定的进取心和取胜欲望。他们可以帮助别人，并适当地牺牲一些自我利益，但却不求回报。

10.笑起来断断续续的人

笑起来断断续续，笑声让人听起来很不舒服的人，其性情大多是比较冷漠和孤独的。他们比较现实和实际，自己轻易不会付出什么。他们的观察力在很多时候是相当敏锐的，能观察到别人心里在想些什么，然后投其所好，伺机行事。

从习惯动作看清对方

习惯动作可以在一定程度上反映一个人的所思所想和性格特征。那些经验丰富的识人老手往往从别人的一个习惯动作就能识别人心。

1.双手后背

两脚并拢或自然站立，双手背在背后，这种人大多在感情上比较急躁。但他与人交往时，关系处得比较融洽，其中可能较大的原因是他们很少对别人说"不"。许多有过军旅生涯的人对双手后背这个动作可能比较熟悉。

2.手插裤兜

双脚自然站立，双手插在裤兜里，时不时取出来又插进去，这种人的性格比较谨小慎微，凡事思虑再三仍难决断和行动。在工作中他们最缺乏灵活性，往往用呆板的办法去解决很多问题。他们往往无法承受突如其来的失败或打击，在逆境中更多的是垂头丧气，怨天尤人。

3.双手叉腰

这种人是急性子，总希望用最少的时间、经过最短的距离来达到自己的目标。他突然爆发的精力常是在他计划下一步决定性的行动时，看似沉寂的一段时间内所产生的。

4.摊开双手

摊开双手，是大多数人表示真诚与公开的一个常用姿势。意大利人毫无拘束地使用这种姿势，当他们受挫时，便将摊开的手放在胸前，做出"你要我怎么办"的姿态。他做的事情出现了坏的现象，别人提出来，而他摊开双手，表示他们自己也没有办法解决，一副无可奈何的样子。

5.经常摇头

经常通过"摇头"或"点头"以示自己对某件事情看法的肯定或否定的人，在社交场合很会表现自己，看似左右逢源，却时常遭到别人的厌恶，引起别人的不愉快。但是，经常摇头或点头的人，自我意识强烈，工作积极，看准了一件事情就会努力去做，不达目的誓不罢休。

6.触摸头发

这种人个性突出，性格鲜明，爱憎分明，尤其疾恶如仇。他们经常做一些冒险的事情，爱拿人当调侃对象。这些人当中有的缺乏内涵修养，但他们特别会处理人际关系，处事大方并善于捕捉机会。

7.拍打头部

拍打头部这个动作多数时候的意义是表示对某件事情突然有了新的认识，如果说刚才还陷入困境，现在则走出了迷雾，找到了处理事情的办法。有的人会拍自己的后脑勺，这表明他们非常敬业，拍打后脑勺只是想放松一下。

8.手摸颈后

当一个人习惯用手摸颈后时，往往是出现了恼恨或懊悔等负面情绪。这个姿势称为"防卫式的攻击姿态"，在遇到危险时，人们常常不由自主地用手护住脑后。但在防卫式的攻击姿势中，他们的防卫是伪装，结果手没有放到脑后，而是放到了颈后。如果一个女人伸手向后，撩起头发，这表明她只是以此来掩饰自己内心的不快。

9.拍打掌心

人与人谈话时，只要他动动嘴，一定会通过一个手部动作，比如相互拍打掌心、伸出拳头、摆动手指等，表示对他说话内容的强调。这种人做事果断、雷厉风行、自信心强，习惯于把自己在任何场合都塑造成一个"领袖"人物，性格大都属于外向型，很有一种男子汉的气派。

10.抖动腿脚

有的人喜欢用腿或脚尖使整个腿部颤动，有时候还用脚尖磕打脚尖或者以脚掌拍打地面。这种人有自恋倾向，性格较保守，很少考虑别人，凡事从利己主义出发，尤其是对妻子的占有欲望特别强。

11.吐烟圈

这种人突出的特点是与别人谈话时，总是凝神地看着对方，支配欲望强，不喜欢受约束，为人比较慷慨，重情义，因此他们周围总是包围着一群相干和不相干的人。

积极自信的人多半会把烟圈向上吐，而消极多疑的人多半会把烟圈向下吐。

12.言行不一

当你给某人递烟或其他东西时，他嘴里说"不用""不要"，但手却伸过来接

了，显得很客气的样子。他们这么做主要是为了给对方面子，嘴上拒绝但行动上却并不死板。这种人比较聪明，爱好广泛，处事圆滑、老练，不轻易得罪别人。

13.解开外衣纽扣

这种人的内心真诚友善，他在陌生人面前表达思想时，最直接的动作便是解开外衣的纽扣，甚至脱掉外衣。

"你就是你所穿的"

西方有句俗话："你就是你所穿的。"因为，服装除了能帮助人们驱寒蔽体，也是展现自己风姿和特色的媒介。它们能够向他人无声地传递你的社会地位、个性、职业、教养等信息。所以，任何人都不应小看衣装的作用，它甚至能帮助人们更好地融入社会当中。

例如，在不同的职业、不同的社会地位的小群体中，人们会根据服装将彼此区分开来。而人们也会很自然地要求着装要与自己的职位相匹配。就像众人的印象中，一位坐办公室的文职人员，应当穿着白领正装，而不是短裤T恤。

其实，从心理学的角度，不同的服装往往能够反映着装者的不同个性。

1.喜欢简单朴素服装的人

这类人性情沉稳、简单自然，待人真诚热情。他们在生活和工作中都非常踏实、肯干，并且勤奋好学，遇到问题常能表现得客观、理智。只是如果过度朴素，则说明这种人对待自己很吝啬，缺乏对自己的关爱和主体意识，且很容易屈服于别人。

2.喜欢单一颜色服装的人

这类人性情多正直、刚强，且善于理性思考。若选择的单一颜色越深，则说明此人越沉默，性情稳重，且有城府，让人有些琢磨不透。他们做事前会仔细考虑，并在想好后突然出击，带给人意外之举。

3.喜欢穿同一款式服装的人

这类人个性鲜明、爽朗正直。他们做事很自信，干脆利落，并且爱憎分明。

时刻遵守自己的承诺，一旦对他人应允什么，就一定要竭尽全力去完成。但缺点是清高自傲，容易孤芳自赏。有时候会自以为是，与他人之间形成矛盾。

4.喜欢穿长袖服装的人

希望用长袖的衣衫遮挡自己的身体，这类人若不是身体上有缺陷需要遮掩，则说明是非常传统和保守的人。他们为人处世一向循规蹈矩，从来不会跨出传统礼节半步。缺乏冒险精神，但又希望能收获名利，所以他们的人生理想会定得很高，但是不容易得到实现。

5.喜欢宽松自然服装的人

这类人，不讲究剪裁是否合身、款式如何，只是追求穿着舒适，他们多是内向的性格，有时显得非常孤独。虽然很想与他人交往，但是往往会因遇到一些困难而后退，在人际交往中，他们绝不是顺风顺水的那一个。性格中，害羞、胆怯的成分比较多，不容易接近别人，也不易被人接近。但一旦有了朋友，一定是非常要好的。

所以，在与人接触的过程中，当你不了解对方时，不妨观察一下他的衣着，这往往是你走进对方内心世界的很好途径之一。

口头禅后面的真实内心世界

口头语言是说话习惯的一部分，它是我们每个人在日常生活中不知不觉形成的一种特有的话语风格。从心理学角度来看，口头语言带有很深的性格印记，从口头语言可以非常快速地了解对方。

经常连续使用"果然"的人，多自以为是，强调个人主张。他们经常以自我为中心，很少考虑他人的想法。

经常使用"其实"的人，表现欲较为强烈，希望能引起他人的注意。他们的性格大多比较任性和倔强，并且多少还有点自负。

经常使用流行词汇的人，热衷于随大流，喜欢夸张。这样的人独立意识不强，而且没有自己的主见。

经常使用外来语言和外语的人，虚荣心强，爱卖弄和夸耀自己。

经常使用地方方言，并且还底气十足、理直气壮的人，自信心很强，富于独特的个性。

经常使用"这个……""那个……""啊……"的人，说话办事都比较谨慎小心。这样的人就是我们所说的好好先生，他们绝对不会到处惹是生非。

经常使用"最后怎么样怎么样"之类词汇的人，大多是潜在欲望没有得到满足。

经常使用"确实如此"的人，多浅薄无知，自己却浑然不知，还常常自以为是。

经常使用"我……"之类词汇的人，不是软弱无能、总想求助于别人，就是虚荣浮夸，寻找各种机会表现自己，以引起他人的注意。

经常使用"真的"之类强调词汇的人，大多缺乏自信，害怕自己所说的话无人相信。遗憾的是，他们这样再三强调，反而更加让人起疑。

经常使用"你应该……""你必须……"等命令式词语的人，大多专制、固执、骄横、有强烈的领导欲望。

经常使用"我个人的想法是……""是不是……""能不能……"之类词汇的人，一般较和蔼亲切。待人接物时，也能做到客观理智，冷静地思考，认真地分析，然后做出正确的判断和决定。不独断专行，能够给予别人足够的尊重，同样也会得到别人的尊重和爱戴。

经常使用"我要……""我想……""我不知道……"的人，大多思想单纯，意气用事，情绪不是十分稳定，让人揣摩不透。

经常使用"绝对"这个词语的人，做事十分草率，容易主观臆断。他们不是太缺乏自知之明，就是自知之明太强烈了。

经常使用"我早就知道了"的人，有强烈的自我表现欲望，只能自己是主角，自己发挥。这样的人绝对不可能静下心来仔细倾听他人的谈话内容，更不要指望他

能成为一个热心的听众。

另外，口头语出现频率极高的人，大多办事不干练，意志不够坚强。有些人，说话时没有口头语，这并不代表他们从未有过，可能以前有，但后来逐渐地改掉了，这表现出一个人意志坚强，说话讲究简洁、流畅。

如果你想从口头语言上更多地观察你身边的人，从而非常自如地驾驭他们，那么你就要在与他们打交道的过程中花费心血，仔细认真地揣摩，时时刻刻地回味分析。用不了多长时间，你就能迅速地从口头语言上了解他们。

笔迹中透露的性格信息

笔迹分析的方法很多，由笔迹观察人的内心世界，可以从三个方面来观察，即笔压、字体大小、字形这三个要点来研究分析这个问题。

（1）笔迹特征为字形方正，稍小，有独特风格，尤以萎缩或扁平字形为多。字迹大多各自独立，无草书，笔压强劲；字的角度不固定，但字体并不潦草。

这类人气量较小，凡事都缺乏自信、不果断，极度介意别人的言语与态度。简而言之，属于神经质性格的人。

他们还有把握和控制事务全局的能力，能统筹安排；为人和善、谦虚，能注意倾听他人意见，体察他人长处；右边空白大者，凭直觉办事，不喜欢推理，性格比较固执，做事易走极端。

（2）笔迹特征为字体较大，笔压无力，字形弯曲，不受格线限制，具有个性风格，容易变成草书；有向右上扬的倾向，有时也会向右下降，字体稍潦草。

这类人和蔼可亲，容易与人相处，善于社交活动，为体贴、亲切类型的人，气质方面具有强烈的躁郁质倾向。另外，他们待人热情、兴趣广泛、思维开阔、做事有大刀阔斧之风，但多有不拘小节、缺乏耐心、不够精益求精等不足。

（3）笔迹特征为字形方正，一笔一画型，与上述类型不同，为有规则的平凡型，无自己的风格，字迹独立工整，字形一贯，笔压很有力。

这类人凡事拘泥慎重；做事有板有眼、中规中矩，但行动有些缓慢；意志坚强，热衷事务；说话唠唠叨叨，不懂幽默，不识风趣，有时会激动而采取强烈行动；气质方面具有癫痫质倾向。

他们精力比较旺盛，为人有主见，个性刚强，做事果断，有毅力，有开拓和创新能力，但主观性强，固执。书写笔压轻者缺乏自信、意志薄弱，有依赖性，遇到困难容易退缩；笔压轻重不一，则想象思维能力较强，但情绪不稳定，做事犹豫不决。

（4）笔迹特征为字形方正，一笔一画型，笔压有力，笔画分明，字字独立，字的大小与间隔不整齐，具有自己的风格，但笔迹并不潦草。字的大小虽有不同，但一般而言，显得较小。这类人不善于交际，属理智型。他们处事认真，但稍欠热情；对于有关自己的事很敏感、害羞，对别人却不甚关心，反应较迟钝；气质方面具有分裂质倾向。

　　一般情况下，他们都有较强的逻辑思维能力，性格笃实，思考问题周全，办事认真谨慎，责任心强，但容易循规蹈矩。书写结构松散者形象思维能力较强，思维有广度；为人热情大方，心直口快，心胸宽阔，不斤斤计较，并能宽容别人的过失，但往往不拘小节。

　　（5）笔迹特征为每次书写字体大小与空间大小无关，字形稍圆弯曲，有时呈直线形，有时字形具有自己的风格，有时则工整而有规则；大小、形状、角度、笔压均不固定，潦草为其显著特征。

　　这类人虚荣心强，极重视外表，经常希望以自己的话题为中心，因此话很多；不能谅解对方立场，缺乏同情心与合作精神；由于以自我为中心，因此容易受煽动，亦容易受影响。

　　另外，这类人看问题非常现实，有消极心理，遇到问题看阴暗面、消极面太多，容易悲观失望。字行忽高忽低，情绪不稳定，常常随着生活中的高兴事或烦恼事而兴奋或悲伤，心理调控能力较差。

第三篇

礼仪当先，举手投足间彰显风度

站立如松，行动如风

站姿和走姿都是个人形象中很重要的方面。站姿是工作和日常交际中最引人注目的姿势，它是仪态美的起点，又是发展不同动态美的基础，而潇洒优美的走姿是人动态美中最具魅力的行为，也能衬托出人的气质和风度。

站立的基本要求是挺直舒展、线条优美、精神焕发。其具体要求如下：

（1）头要正，头顶要平，双目平视，微收下颌，面带微笑，动作平和自然。

（2）脖颈挺拔，双肩舒展，保持水平并稍微下沉。

（3）两臂自然下垂，手指自然弯曲。

（4）身躯直立，身体重心在两脚之间。

（5）挺胸、收腹、立腰，臀部肌肉收紧，重心有向上升的感觉。

（6）双腿直立。女士双膝和双脚要靠紧，男士两脚间可稍分开点距离，但不宜超过肩宽。

女士工作中的站姿——双脚可调整成"V"字形或"T"字形，右手搭在左手上，贴在腹部。

男士工作中的站姿——双脚平行，也可调成"V"字形，双手下垂于身体两侧，也可将手放于背后，贴在臀部。

需要强调的是，在工作中站姿一定要合乎规范，特别是在隆重的场合下，站立一定要严格按照要求做。站累时，单腿可以后撤半脚的长度，身体重心可前后移动，但双腿必须保持自立。

什么样的走姿才会让他人觉得优美呢？一般来说，走路的姿态美不美是由3个方面决定的，即步幅、步位和步韵。如果步位和步幅不合标准，那么全身摆动的姿态就失去了协调的韵味，也就无所谓步韵效果了。

所谓步幅，是指行走时两脚间的距离。步幅标准应是由个人的身高、当时着装的限制、所穿的鞋子及男女性别所决定的。男性当然是大步流星，步幅在30厘米以上；女子若穿旗袍、高跟鞋或穿裙子，则应小步快走，轻盈而频率快，若是着裤装可走得步幅稍大，平稳而潇洒。

所谓步位，就是脚落地时应放置的位置。男子走路的步位应是脚既不外撇也不内向，平行直行向前，走出的是两条平行线，显得阳刚有力，朝气十足。女性应避免"X"或"O"形腿，两腿从大腿到小腿向内夹紧，腿部肌肉绷紧，脚后跟踩在一条直线上，脚尖微微朝外，步伐显得修长而挺拔。

　　所谓步韵，就是走路时特有的韵味，即风度。有些人走路轻松自然，富有节律感，不僵硬、不做作、不难看，让人觉得如行云流水般舒畅自如。有些人走路的姿势就不好看，步履沉重，拖沓而有下坠感，东摇西晃，这些不良走姿都会使个人形象大打折扣。

　　那么，怎样才能走出美感呢？下面就介绍一下走路时应注意的事项：

　　（1）走路时，抬头挺胸，步履轻盈，目光前视，步幅和步位合乎标准。

　　（2）行走时，双手在两侧自然摆动，身体随节律而自然摆动，切忌摇头扭腰。

　　（3）走路时膝盖和脚踝轻松自如，配合协调，以免显得浑身僵硬，同时忌走外八字或内八字。

　　（4）行走时不低头后仰或扭动肩部、胯部，或两手乱甩。

　　（5）多人一起行走时，应避免排成横队、勾肩搭背、边走边说、推来操去。若是有急事要超过前面的人，应打招呼，超过后回头致谢。

　　（6）步幅和步位配合协调，甚至与呼吸形成规律。穿礼服、长裙、筒裙则步伐典雅温婉，轻盈有致；穿休闲、运动裤装，则步伐迅捷活泼，弹性而富朝气。

　　（7）男性不在行走时抽香烟，不在行走时乱扔烟蒂；女性不在行走时吃东西。养成行走时注意自己风度、形象的习惯。

　　（8）女性在行走时，还应特别注意腿部线条的流畅和紧张感，没有抽紧肌肉和稍具紧张感的双腿，走出来的步子一定是沉重、下坠、拖沓的。收腹、夹臀、提气的女性步态，是轻快而富有节奏的。

　　（9）女性在行走时，还应养成两腿挺直向内夹紧的习惯，以避免损坏女性腿部的整体线条。

　　优雅大方的站姿和走姿是一个人礼仪修养的重要表现，也是一个人气质的重要呈现，我们绝不能忽视了这方面的小细节。

坐姿从容淡定，卧姿优雅大方

坐姿不好，卧姿不够优雅，都直接影响到一个人的形象。对于女人来说，这一点尤为重要，因为它决定着你的形象是高贵优雅还是缺乏教养。

先来说说坐姿。

坐姿是以臀部作为支点，借此减轻脚部对人体的支撑力。坐姿能使人们较长时间地工作，也是人们日常生活、社交中常用的姿势之一。因此，端庄、优雅、舒适的坐姿很重要，而且良好的坐姿对保持健美的体形也大有益处。

那么，什么样的坐姿可使女性显得稳重、端庄、落落大方呢？

（1）面带笑容，双目平视，嘴唇微闭，微收下颌。

（2）立腰，挺胸，上身自然挺直。

（3）双肩平正放松、两臂自然弯曲放在膝上，亦可放在椅子或沙发扶手上，掌心向下。

（4）双膝自然并拢，双腿正放或侧放，双脚并拢或交叠。

（5）谈话时可以有所侧重，此时上体与腿同时转向一侧。

正确的坐姿关键在于腰。不论怎么坐，腰部始终应该挺直，放松上身，保持端正的姿势。

在社交场合中，坐姿要与场合、环境相适应。坐姿有以下几种：

1.自然坐姿

平时坐在椅子上，身体可以轻轻贴靠于椅背，背部自然伸直，腹部自然收紧，两脚并拢，两膝相靠，大腿和臀部用力产生紧张感。与客人谈话时不妨坐得深一些，然后背部保持直立，膝盖并拢，这会使你显得优雅而又从容。

很多人坐下来的时候喜欢将脚架起来，在社交场合，这一般被认为是不礼貌的坐法。如果是积习难改，那一定要注意架腿方式：收拢裙口，遮掩到膝盖以下部位；支撑的脚不要倾斜，双腿内侧靠近，大腿外侧收紧；双手自然搭在腿上。这样显得美观，能产生自然的美腿效应。

2.正式坐姿

膝盖与脚跟都并拢，背脊伸直，头部摆正，视线向着对方。这种坐姿可用于面谈之类的正式场合，可给予对方诚恳的印象。但也不要双膝并得太紧，一动不动，这会让人产生一种紧张感、不安全感。

3.坐沙发的坐姿

一般沙发椅较宽大，不要坐得太靠里，可以将左腿跷在右腿上，两小腿相靠，显得高贵大方。但不宜跷得过高，女性不能露出衬裙，否则有损美观与风度。也可双腿并拢，双膝紧靠，然后将膝盖偏向与你谈话的人。偏的角度视沙发高低而定，但以大腿和上半身构成直角为原则，以表现女性轻盈、秀气的阴柔之美。

在交际中卧姿用得很少，而且一般都是在一些休闲或非正式场所，如中午在办公室休息、卧病在家养身体、海滨浴场的沙滩上、郊游时的公园草坪。

卧姿有多种，常见的有仰卧、侧卧、俯卧等。

优雅而讲究礼仪的卧姿应因时间、地点、对象而定。若是躺在野外的草地上与挚友交谈，或趴在自己家中的沙发里与家人共享天伦之乐，什么样的卧姿都可以，这是人生的一种乐趣和放松。但此时有人造访，或走到你身边汇报问题，你应马上起身打招呼，与来人共同坐下攀谈。若是在办公室午休，有女性进来，则应立即起身，收拾好沙发上的物品，请女士坐下与之交谈；不要大大咧咧地半躺着与女士说话，以免显得不懂礼貌和没有教养。

一般情况下，卧姿在公共场合和社交场合都是应该避免的。仰躺姿势是非常丢人的，即便是健康状况不佳也应与人打个招呼为好，身体姿态呈收敛状。

体态语言的表情达意尽管不如有声语言那么具体明确而完善，而且大多是配合口语表达起辅助作用，但它在表现一个人的情态、意向、性格和气质等方面却有着有声语言不可代替的独特的真实性和可靠性。

因为人的体态语言都是心理活动和内在气质的真实表露，有许多是习惯性、下意识的，因此，体态语言在提升个人形象方面的功能是不可忽视的。

交换名片是继续联系的纽带

名片在大家交往中可用以证明身份，联络老朋友，结交新朋友。可以说，名片是你的第二张脸，使用越来越普及。它不仅是自己身份的介绍，更是自己的脸面、形象。

名片一般要随身携带，就像你的身份证。比如说，出席重大的社交活动，一定要记住带名片。如果总是和人家说"不好意思，我的名片刚用完"，这是很牵强的理由，没有名片也可以说是交流第一步就失败了。对方会认为你不重视他或者是你的职业、身份不值得拥有自己的名片。发送名片可以在刚见面或告别时，但如果自己即将发表意见，在说话之前发名片给周围的人，可以帮助他们认识你。

1.如何递接名片

递接名片是不可忽视的环节，短短的一个过程可以透露出你这个人的素养，别人会以这个为标准认为你值不值得交。

在取出名片准备送给别人时，要双手轻托名片至齐胸的高度，并将正面朝向对方，以方便别人接收时阅读。如果人多而自己左手正拿着一叠名片，也应该用右手轻托，左手给以辅助，一张张地发给每个人，不要像发扑克牌一样随便乱丢。

双手接过他人的名片看过之后（边看边读出声音来，效果也不错），精心放入自己的名片夹或上衣口袋里，也可以看后先放在桌子上，但不要随手乱丢或在上面压上杯子、文件夹等东西，那是很失礼的表现。

2.如何交换名片

交换名片是人们之间建立人际关系的关键步骤。交换名片也蕴藏着大学问。

首先是名片交换的次序安排。一般情况下，双方交换名片时是地位低的人先向地位高的人递名片，男性先向女性递名片。

当然，相互不了解时就没有先后之分了。在商场中，女性也可主动向男性递名片。

当交往对象不止一人时，应先将名片递给职务较高或年龄较大的人，如分不清职务高低和年龄大小时，则可依照座次递名片，应给对方在场的人每人一张，不要让别人认为你势利眼，如果自己这一方人较多，则让地位高者先向对方递送名片。另外，千万不要用名片盒发名片，这样会让人们认为你不注重自己的内在价值，以为你的名片发不出去。

其次，交换名片时态度也需要热情、诚恳，从而表示你是真心地想与对方交朋友。残缺褶皱的名片不能使用，因为那样既不尊重对方也不尊重自己，同时名片还不宜涂改。

双手是你的第二张脸

小李的口头表达能力不错，对公司产品的介绍也得体，人既朴实又勤快，在业务人员中学历又最高，老总对他抱有很大期望。可做销售代表半年多了，业绩总上不去。问题出在哪儿呢？

原来，他是个不爱修边幅的人，双手拇指和食指喜欢留着长指甲，里面经常藏着很多"东西"，有时候手上还记着电话号码。每当他伸出手时，别人总是感觉"眼前一黑"。在大多情况下，根本没有机会见到想见的客户。

对于大多数女性来说，都希望拥有一双健康美丽的纤纤玉手。因为这不只是女性的爱美心理在作怪，更是由于她们深深懂得双手在公众形象中所起的重要作用。因此，她们会细心呵护自己的双手。

别人看到你的双手，不可避免地会看到你的指甲。因此，保持指甲的良好状态也是保护双手所必不可或缺的。

如果你对自己的双手足够的重视，就必须经常修剪指甲。因为在职场中或是商务交往等场合，没人喜欢留着长指甲的人。指甲的长度，不应超过手指指尖。因为长指甲不仅不利健康，社交中也容易伤到他人。

现代社会，很多女性都喜欢给自己的手指甲涂上各色的指甲油，如果在工作之外的场合，涂一点也无妨，但在工作场合，你就需仔细考虑一下了。

如果想让你的手指看起来比较修长的话，把指甲稍微磨尖，同时使用一种透明稍带粉红或肉色的指甲油来增加效果，不仅仅是因为这些指甲油的颜色和所有衣服颜色都很般配，还因为一旦指甲油脱落，看起来也不会太明显。

许多忙碌的女性都认为，一个月专门去拜访专业的美甲店几次是值得的，尤其是她们要经常旅行的时候。如果你以前从未去过的话，去一次看看对你有没有效。你每次不用花太多的时间就能让你的指甲美观一点。这样，每次当你看着自己的手时，都能给自己增添一份自信。

一定要记得让美甲店给你使用上面推荐的天然的或者是珍珠粉的颜色，另外别忘了再多涂一层。千万不要听美甲师的劝说使用双色的、过暗或者过亮的指甲油。

如果你由于各种原因不能让专业的美甲师给你设计整修指甲，那么就要靠你自己了，可千万不要找借口对自己的双手置之不理啊，它们可是你的第二张脸。以下提供几条简单易行的针对指甲的小办法：

长度：手指甲长度不能超过2毫米。

缝隙：不能有异物。

习惯：养成"三天一修剪，每天一检查"的良好习惯。

美甲：日常生活中，涂指甲油要均匀、美观、整洁。

行规：服务行业上班时不允许涂指甲油或只允许涂无色的指甲油。

手的美没有绝对的标准，但对年轻的女子来说，理想的手要丰满、修长、流畅、细腻、平滑，它应具有一种观感上形态美与接触中感觉美，因而要对手部进行清洁、保养和美化。

人的双手因为长时间暴露在空气中，而且还要去做各种各样的劳动，因此手部皮肤特别容易干燥、老化。因此，就要时刻注意对手部皮肤的保养，延缓皮肤衰老，让双手健康美丽。

平时饮食要注意营养的摄取，多食富含蛋白和纤维素的食物，少食辛辣食物；多饮水，禁烟。要注意劳逸结合，保证充足睡眠，保持精神愉快。要少晒太阳，烈日下撑伞遮光，如果对光过敏还要外涂防晒霜。搽化妆品时要选择适合自己皮肤的品牌。

保持手部皮肤清洁是至关重要的一步，清洁皮肤就要养成勤洗手的习惯。手部每天接触的物体很多，因而要及时将污物、灰尘等有害皮肤的东西洗净，要认真做到"三前三后"，即上班前、接触入口食物前、

下班前要洗手；手脏后、去过卫生间后、吸烟后要洗手。

社交活动中，人与人之间需要经常握手。即使不握手，手也是仪容的重要部位。

在招待客人端茶给对方时，在签字仪式上众目注视时，如果自己的手非常漂亮，不但可表现出自己的魅力，同时也会让他人觉得很舒服。因此，健康美观的双手是你绝对不可以忽视的部分。

握手的礼仪是从掌心开始的交流

据说握手礼最早始于欧洲，当时是为了表示友好，是手中没有武器的意思。但现在已成为世界性的"见面礼"。

握手是人们日常交际的基本礼仪，握手可以体现出一个人的情感和意向，显示一个人的虚伪或真诚。握手在人际交往中如此重要，可有人往往做得并不太好。

艾丽是个热情而敏感的女士，目前在中国某著名房地产公司任副总裁。那一日，她接待了来访的建筑材料公司主管销售的韦经理。韦经理被秘书领进了艾丽的办公室，秘书对艾丽说："艾总，这是××公司的韦经理。"

艾丽离开办公桌，面带笑容，走向韦经理。韦经理先伸出手来，让艾丽握了握。艾丽客气地对他说："很高兴你来为我们公司介绍这些产品。这样吧，让我看一看这些材料，我再和你联系。"韦经理在几分钟后就被艾丽送出了办公室。几天内，韦经理多次打电话，但得到的是秘书地回答："艾总不在。"

到底是什么让艾丽这么反感一个只说了两句话的人呢？艾丽在一次讨论形象的课上提到这件事，余气未消："首次见面，他留给我的印象不但是不懂基本的商业礼仪，而且没有绅士风度。他是一个男人，位置又低于我，怎么能像王子一样伸出手让我来握呢？他伸给我的手不但看起来毫无生机，握起来更像一条死鱼，冰冷、松软、毫无热情。当我握他的手时，他的手掌也没有任何反应，我的选择只有感恩戴德地握住他的手，只差跪下来吻他的高贵之手了。握手的这几秒钟，他就留给我一个极坏的印象，他的心可能和他的手一样冰冷。他的手没有让我感到对我的尊重，他对我们的会面也并不重视。作为一个公司的销售经理，居然不懂得基本的握手礼仪，他显然不是那种经过严格职业训练的人。而公司能够雇用这样素质的人做销售经理，可见公司管理人员的基本素质和层次也不高。这种素质低下的人组成的管理阶层，怎么会严格遵守商业道德，提供优质、价格合理的建筑材料？我们这样大的房地产公司，怎么能够与这样作坊式的小公司合作？怎么会让他们为我们提供建材呢？"

握手是陌生人之间第一次的身体接触，只有几秒钟的时间。但这短短的几秒钟是如此的关键，立刻决定了别人对你的喜欢程度。握手的方式、用力的大小、手掌的湿度等，像哑剧一样无声地向对方描述你的性格、可信程度、心理状态。握手的方式表现了你对别人的态度是热情还是冷淡，积极还是消极，是尊重别人、诚恳相待，还是居高临下，敷衍了事。一个积极的、有力度的正确的握手，表达了你友好的态度和可信度，也表现了你对别人的重视和尊重。一个无力的、漫不经心的、错误的握手，立刻传送出不利于你的信息，让你无法用语言来弥补，它在对方的心里留下了对你非常不利的第一印象。有时也会像上面的那位销售经理那样失去极好的商业机会。因此，握手在商业社会里几乎意味着经济效益。

玛丽·凯·阿什是美国著名的企业家，她是退休后创办化妆品公司的。开业时，雇员仅有10人，20年后发展成为拥有5000人、年销售额过亿美元的大公司。

玛丽·凯在其垂暮之年为何能取得如此巨大的成就？她说，她是从懂得真诚握手开始的。

玛丽·凯在自己创业前，在一家公司当推销员。有一次，开了整整一天会之后，玛丽·凯排队等了三个小时，希望同销售经理握握手。可是销售经理同她握手时，手只与她的手碰了一下，连瞧都没瞧她一眼，这极大地伤害了她的自尊心，工作的热情再也调动不起来。当时她下定决心："如果有那么一天，有人排队等着同我握手，我将把注意力全部集中在站在我面前同我握手的人身上——不管我有多累！"

果然，从她创立公司的那一天开始，她无数次地和人握手，总是公正、友好、全神贯注地与每一个人握手，结果她的热情与真诚感动了每一个人，许多人因此心甘情愿地与她合作，于是她的事业蒸蒸日上。

所以，为了在这轻轻一握中传达出热情的问候、真诚的祝愿、殷切的期盼、由衷的感谢，我们对握手的分寸、握手的细节的把握是十分必要的。

握手是很有学问的。美国著名盲聋作家海伦·凯勒写道："我接触的手，虽然无言，却极有表现力。有的人握手能拒人千里之外，我握着他们冷冰冰的指尖，就像和凛冽的北风握手一样。也有些人的手充满阳光，他们握住你的手，使你感到温暖。"

"身送七步"，注意送人的礼节

俗话说："出迎三步，身送七步。"在应酬接待中，许多人对客户的迎接礼仪往往热烈隆重，却常常忽视了对客户的欢送礼仪，这样就常常给人以"人一走茶就凉"的悲凉感，无形中引起别人的反感，为自己的成功增加了阻力。

在中国的应酬中，许多的知名企业家都深知"身送七步"的重要性，也格外注意送人的礼节，中国商业巨人李嘉诚就是其中一个绝佳的典范。一位内地企业家在接受电视采访时谈到了他去李嘉诚办公室拜访李嘉诚的经历。那天，李嘉诚和儿子一起接见了他。会谈结束之后，李嘉诚起身从办公室陪他出来，送他到电梯口。更让人惊叹的是，李嘉诚不是送到即走，而是一直等到电梯上来，他进了门，再举手告别，一直等到电梯门合上。身为亚洲首富的李嘉诚日理万机，可他依旧注重礼节，严格遵循"身送七步"的礼仪，亲自送客，没有一丝一毫的怠慢之举。这位内地企业家面对着电视机前的亿万观众动情地说："李嘉诚这么大年纪了，对我们晚辈如此尊重，他不成功都难。"

"身送七步"，商业巨人李嘉诚都不忘的待客礼仪，经常在应酬场上的人更要铭记在心，以实际行动给客户贴心之感，才能拉近和客户的心理距离，促成、促进合作。

作为常应酬的人员，不仅要认识到迎接客人的重要性，更要明白送客礼仪的重要性。不要做到了"迎人三步"，却忘记了"身送七步"，否则会给客户留下"虎头蛇尾"的印象，甚至造成前功尽弃、功亏一篑的局面。

送客时应注意以下几点：

1.让客户先起身

当客户提出告辞时，要等客户起身后再站起来相送，切忌没等客户起身，自己先于客户起立相送。更不能嘴里说再见，而手中却还忙着自己的事，甚至连眼神也没有转到客户身上。

2.送客也不失热忱

当客户起身告辞时，应马上站起来，主动为客户取下衣帽，帮他穿上，与客户握手告别，同时选择最合适的言辞送别，如希望下次再来等礼貌用语。每次见面结束，都要以期待再次见面的心情来恭送对方回去。尤其对初次来访的客户更要热情、周到、细致。

3.代客提重物

当客户带有较多或较重的物品，送客时应帮客户代提重物。与客户在门口、电梯口或汽车旁告别时，要与客户握手，目送客户上车或离开，要以恭敬真诚的态度，笑容可掬地送客，不要急于返回，应鞠躬挥手致意，待客户移出视线后，才可结束告别仪式。否则，当客户走完一段再回头致意时，发现主人已经不在，心里会很不是滋味。

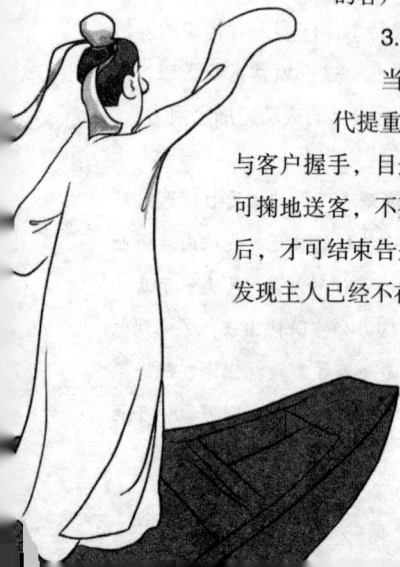

4.晚一步关门

许多时候，商务人士将客户送出门外，不等客户走远，就"砰"的一声将门关上，往往给客户类似"闭门羹"的恶劣感觉，并且很有可能因此而"砰"掉客户来访期间培养起来的所有情感。因此，商务人士在送客返身进屋后，应将房门轻轻关上，不要使其发出声响，最好是等客户远离后再轻声关上门。

心理学上不但有首因效应，也有"末因效应"——"最初的"和"最后的"信息，都能给人们留下深刻印象，"最初的"印象尚可弥补，而"最后的"信息往往无法改变——"送往"的意义大于"迎来"。做到"出迎三步"，你的商务应酬级别只能属于初步及格水准，做到"身送七步"，你才能迈入商务应酬优秀者的行列。商务应酬场上，"身送七步"你做到了吗？

接电话，别让铃响多于三声。

每个人打电话时，都习惯于在等待电话被接通前的时间里最后调整一下思绪，再次在心里重申着此次去电的目的。这个电话被接通前的等待时间，往往被人们的惯性所设限，大多以电话铃响三声为限，电话铃三声之内接听，则容易打乱等待者的思绪，而电话铃响过了三声还无人接听，等待者就会焦躁起来，不满情绪由此滋生。因此，在电话铃响过三声之后才接起电话，就要做好面对来电者的怒气和不满的准备，给予对方合理的解释，并致以诚挚的歉意。这才能扭转因接电话失礼而在对方心中造成的恶劣印象。

因此，电话铃一响，应尽快接听，而不要置若罔闻，或有意延误时间，让对方久等。拖延时间不仅失礼，甚至会产生许多不必要的误会。

此外，在某些特殊情况下，人们实在难以遵循"响三声就接"的接听电话原则时，则应注意灵活处理。

某公司的经理在会议室接待一个客户时，突然秘书前来转告他有一个紧急电话，是公司老板为一件项目的失利大发雷霆。一听到这个，经理心中惊恐万分，也顾不得和客户解释，就急匆匆地离开会议室，前去接听电话。经过经理百般解释，公司老板才知道这原来是个误

会，是某位下属不小心送错了材料所致。和公司老板通完电话，经理才想起客户还在会议室里，急匆匆赶到会议室，可惜客户早已经离开了，客户留给经理秘书一句话："你们经理实在太忙了，我看这个合约的事情还是等以后再说吧！"

事后，不管这位经理如何解释，客户都没能原谅他的失礼，一笔生意也就此泡汤。

遇到这种接待客户和接听电话都要顾及的时候，不仅要分清主次，更要不失礼节。如果电话过于紧急而不得不接时，就需要向被接待的客户致以诚挚的歉意，在获得客户谅解的情况下再去接电话。或者是接起电话向来电者致歉，另约时间回电，再继续对客户的接待工作。

总之，电话铃声一旦响起，要立即放下手头的事，在铃响的第一时间段内，也就是电话铃响三声的时候，迅速接起电话，即使是离电话机很远也要赶紧过去接电话。

接听是否及时不仅反映了一个人待人接物的真实态度，更代表了一个公司工作效率的高低，直接影响到来电客户对公司的印象。

商务赞助会，助人利己不可颠倒主次

在现代这个商业社会，企业不仅会选择在媒体硬广告的形式，也会选择进行商务赞助会这样的软广告形式，既能扶危济贫，向社会奉献自己的爱心，体现出自己对于社会的高度责任感，以自己的实际行动报效于社会、报效于人民，而且也有助于获得社会对自己的好感，也扩大了自己的知名度和美誉度，为自己塑造良好的公众形象。因此，商务赞助会日益成为现代商务应酬中的一个重要组成部分。

但是，如果不能把握好商务赞助会"赞助他人为主，宣传自己为辅"的主次之分，不仅仅是一种失礼的行为，也会导致主次颠倒，就容易使赞助会沦为变质的商务宣传会，反而引起公众的反感，得不偿失。

要正确发挥商务赞助会的作用，既帮助他人又使自己从中得利，需要注意这些小细节。

1.双方事先约定

在开展商务赞助活动之前，双方必须对赞助活动的种种细节达成协议，最好签订正式的赞助协议，某些大型的商务赞助活动更是要请公证机关进行公证。尤其是要"把丑话说在前头"，分清彼此的责任和义务，才能合作愉快。这样才能在面临种种变故时迅速应对，确保赞助会的成功召开。

2.场地布置宜简洁

一般来讲，赞助会的会场不宜布置得美轮美奂，过度豪华张扬。否则，极有可能会使赞助单位产生不满，因为它由此可能产生受赞助单位不务正业、华而不实的感觉。

举行赞助会的会议厅之内，灯光应当亮度适宜。在主席台的正上方还需悬挂一条大红横幅，在其上面应以金色或黑色的楷书书写着"某某单位赞助某某项目大会"，或者"某某赞助仪式"的字样。前一种写法是突出赞助单位；后一种写法，则主要是为了强调接受赞助的具体项目。整个会场布置宜简洁大方。

3.重点邀请新闻人士

参加赞助会的人士，既要有充分的代表性，又不必在数量上过多。除了赞助单位、受助者双方的主要负责人及员工代表之外，赞助会应当重点邀请政府代表、社区代表、群众代表以及新闻界人士参加。在邀请新闻界人士时，特别要注意邀请那些在全国或当地具有较大影响力的电视、报纸、广播等媒体人员与会。

4.时间宜短不宜长

依照常规，一次赞助会的全部时间，不应当长于一个小时。太短达不到宣传自己的目的，难以给新闻媒体提供可报道的资料，太长则容易让与会者产生疲惫感，也让在众多新闻中奔波的新闻媒体心生恶感。因此赞助会的具体会议议程，必须既周密又紧凑。

此外，商务赞助会的整体风格是庄严而神圣的，因此任何与会者都不能与之唱反调。

做好以上这些细节工作，自然不会出现主次颠倒的尴尬局面，就能举办一次成功的商务赞助会，达到双赢的目的。

第四篇

入目悦心，面容装束要多花心思

注重形象，"首因效应"的作用会持续7年

在生活中，我们常听到有人说："我对×××印象不错"，"对×××印象不好，不喜欢他"，"一看就知道他是一个……的人"——这就是第一印象，在心理学上称为"首因效应"。所谓的印象和"一看"，都是在极短的时间里形成的。在两个人初次见面的时候，他看到你的一刹那，大脑会进行多达1000次运算，一系列问题飞速在脑中闪过——你是他需要接近的人还是需要回避的人？你是朋友还是敌人？你是否值得信赖、能力出众、讨人喜欢或者充满信心……根据美国纽约大学研究人员的发现，大脑以惊人的速度完成这些运算，在7秒钟内做出重要决定，继而在大脑里形成第一印象，这种印象一旦形成，就很难改变，甚至可以保持7年之久。

不论"首因效应"的理论是正确的还是错误的，事实上大部分人都依赖于第一印象的信息，而这个第一印象的形成对于日后的决定起着非常大的作用。它比第二次、第三次的印象和日后的了解重要得多。第一印象的好与坏几乎决定人们是否能够继续交往。有人会说："这不公平，他们应该努力认识真实的我。"这也许不公平，但这就是世界的规则。在快节奏的生活和工作中，人们没有时间去慢慢认识你，只能在有效的时间内迅速地做出判断，而且，第一印象具有顽强的持久性。第一印象所形成的认识将持久地主导人们对另一个人或事物的看法，即便人们在后来的交往中对此人或事物有了新的认识，第一印象所产生的看法依然不会消失。

"比如，你对一名同事第一印象并不好，而在一次聚会中，你发现他原来很热情，但你也只会认为他仅仅适合私下相处，而不适合共事，也就是说，你对他的第一印象依然没有改变。"这是加拿大西安大略大学的首席研究员西维亚·嘉禾斯基经过对第一印象的研究后得出的结论。这也印证了美国勃依斯公司总裁海罗德的经验："大部分人没有时间去了解你，所以你给他们的第一印象是非常重要的。你给人的第一印象好，你才有可能开始第二步；如果你留下一个不良的第一印象，很多情况下，我们会相信第一印象基本上准确无误。对于寻求商机的人，一个糟糕的第一印象，就等于失去了潜在的合作机会，这

种案例数不胜数。你必须花费更多的时间才能够抹去糟糕的第一印象。"

宋老师是某大学一年级的辅导员。开学之初，他在学校大门口接待前来登记报到的新生。有一位名叫宗希瑞的新生，报到时衣冠不整，头上的帽子也歪到了一边，站在桌前报出自家名字时，左腿还一抖一抖地制造着"人造地震"。宋老师想：这个学生肯定是一个调皮捣蛋、不爱学习的学生。于是，宋老师带着不悦的心情，非常严肃地对宗希瑞说："请把你的帽子戴好，腿如果没有病的话，请不要抖动！"

面对这么一个吊儿郎当的宗希瑞，宋老师自然特别留意：他是否有逃课的坏毛病？是不是常在班上拉帮结派、打架闹事？在选班干部的时候，宗希瑞根本不在宋老师的考虑范围之内。几个月过去了，宋老师没发现宗希瑞任何违纪的行为，却发现他并不像自己所想的那么坏，他既不旷课也不打架，并热心为班上做好事，课余时记日记、写文章，还在校报上发表了几首小诗呢！

宋老师决定找宗希瑞谈一次话。经过交流，宋老师又了解到：宗希瑞性情温和，待人有礼貌，与同学的关系相处得十分友好融洽。他在报到那天之所以衣冠不整、歪戴帽子、左腿抖动，是因为他那天感冒了，在长途汽车上颠簸得晕车了，只好把头伸出窗外呕吐，为了安全起见，他把帽檐儿拉向了一边。下车后，头昏脑涨的他没注意到自己的"光辉形象"，因此给宋老师的"首因效应"太差，竟然成了老师密切"关注"的对象。鉴于宗希瑞半年来的良好表现，第二个学期，宋老师让他担任了班干部。后来证明，宗希瑞干得很出色。

宗希瑞就是"首因效应"的受害者，尽管我们可以理直气壮地告诉别人，不要仅凭一个人的外表妄下结论。但事实是，全世界的人都在这么做，我们自己也不例外。既然我们无法阻止他人做出仓促的决定——人类的大脑与生俱来就以这种方式工作——那我们就必

须要做出有利于自己的决定：注重形象，输出良好的第一印象。试想，如果宗希瑞一开始就注重给老师一个良好的"首因效应"，也不至于成为班主任"监督"的对象，影响了自己的进步，甚至要花费半年的时间来改变宋老师对自己的印象。

别人对你的第一印象，往往是从服饰和仪表上得来的，因为服饰往往可以表现一个人的身份和个性。毕竟要对方了解你的内在需要长久的过程，只有仪表能一目了然。一个人的形象对于人本身有很大的影响，一个衣冠不整、邋邋遢遢的人和一个装束典雅、整洁利落的人在其他条件差不多的情况下，同去办一样的事儿，恐怕前者很可能受到冷落，而后者更容易得到善待。因此，第一印象对我们来说有着相当大的作用，但常常被人们忽视。如果你不想失去任何成功的机会，如果你想在人际交往中如鱼得水，那么一定要注重形象，努力给别人留下良好的第一印象。

用衣服包装自我，用魅力打动他人

俗话说："人靠衣装，佛靠金装，"可见衣服是人的第二肌肤，承载了一个人向外传递信息的主要部分。很多人都有过这样的经历：穿一身漂亮的衣服，心情立即愉快起来，不自觉中，头扬起，胸挺起，脚步轻盈而有力，人也特别有信心。可见，服饰对人起着多么大的辅助作用。

红顶商人胡雪岩在上海新开张的商行遭到当地商人的联合挤对，不久就波及了大本营杭州。一些杭州的大客户生怕胡雪岩垮台，闻风而动，都准备中止和他的生意往来。他们听说胡雪岩从上海回来了，就悄悄躲在暗处观看，以为会看到胡雪岩灰头土脸的样子，结果他们却看到了衣着鲜亮、精神抖擞的胡雪岩。

他们猜想胡雪岩也许仍有机会转败为胜，但又还不放心，又跟踪胡雪岩到他的商行去，看他是不是会暂停生意进行整顿。可是胡雪岩不仅没有关闭商行，反而还亲自坐镇，在柜台上悠然自得地喝起茶来。这令他们震撼了，一个人遭受这么大的打击，竟然还能够如此镇定从容！最终，胡雪岩的气度征服了他们，他们又对胡雪岩恢复了信心。

其实，当时胡雪岩的处境已是山穷水尽，就是凭他那镇定形象，才稳住了不利的局面。

不能不说胡雪岩是个人脉高手，他充分地运用了衣服的包装作用，稳定了自己的影响力，没使自己落入更大的困局。

服饰是人形体的外延，包括衣、裤、裙、帽、袜、手套及各类服饰。它们不仅起着遮体御寒的作用，还能显示一个人的个性、身份、涵养及其心理状态等多种信息。一个人穿戴什么样的服饰，直接关系到别人对其个人形象的评价。要在人际交往中发挥衣服的自我包装作用，就必须让服饰和穿戴者的气质、个性、身份、年龄、职业以及穿戴的环境、时间协调一致，才能真正达到美的境界。

用衣服包装自己，既是一门技巧，更是一门艺术。因为着装是一门系统工程，它不仅仅指穿衣戴帽，更是指由此而折射出的个人的教养与品位，是在对服装搭配技巧、流行时尚、所处场合、自身特点进行综合考虑的基础上，在力所能及的前提下，对服装所进行的精心选择、搭配和组合。着装要赢得成功，进而做到品位超群，就必须掌握着装的三大要领：

1.应己着装

所谓应己，即要求在选择着装时要因人而异，使所穿服装与自己的身体条件相适应。具体而言，应己原则应围绕性别、年龄、肤色、形体这四大条件展开。

（1）性别。男着男装，女着女装，这是人人都应具有的基本常识。值得注意的是，服装中性化趋势日益明显，许多服装已成为男女的共同选择。更有一部分人崇尚男服女穿、女服男穿，俨然成为一种时尚。对于想广泛吸引人缘的人脉达人来说，是绝对不能追随这种趋势与潮流的，还是应该以保守而正确的穿法，体现自己性别的独特魅力。

（2）年龄。不同的年龄对着装有不同的要求。在选择着装时，务必要考虑到自己的年龄因素，使自己的着装与年龄相符。否则，便会贻笑大方。当然，对于中年人来说，适当地使自己看起来小几岁，保持朝气和活力，也是吸引人的重要方式。

（3）肤色。所穿服装还应该与自己的肤色相协调。尽管绝大多数中国人都是黄皮肤，但具体到个人来讲，肤色是同中有异的，因而对服装颜色也有着不同的要求。例如，肤色白净者，适合穿各色服装；肤色偏黑或发红者，忌穿深色服装；肤色黄绿或苍白者，宜穿浅色服装，等等。

（4）形体。人有高矮胖瘦之分，具体到身体各部分还有标准与不标准之别，这就是个人形体条件的差异。不同的形体条件应当选择不同的着装，例如：个矮的人应多选择穿浅色、暖色和艳色的服装，尽量回避深暗、灰浊的色彩，并且全身服装色调最好相同或相近以修长身形，如果色彩搭配对比太强烈，个子就会显得矮；体形娇小玲珑的人，穿着深色的衣服，会显得更为瘦小，不妨选择淡色或有小型花纹且质地柔软的衣服；体形矮小而丰满的人，只要在上半身或下半身的某个部位裁剪得贴身合适，其他部位则可以略显宽松，这样可使身体的感觉衬托得更为平衡，而蓬裙或长裙会显得更为矮胖，所以在穿裙子的时候，应该尽量选择合身的短裙。总之，人脉达人在穿着方面，应该尽量表现得清爽而且充满活力，这样才能获得好人缘。

2.应事着装

所谓应事，即要求根据自己所要办理的事情的不同而选择不同的着装，使自己的着装与所办的事情相配合、相呼应。

在欢度节日或纪念日、结婚典礼、生日纪念、联欢晚会、舞会等喜庆场合，服饰可以鲜艳明快、潇洒时尚一些。一般来说，在正式的喜庆场合，男性服装均以深色为主，单色、条纹、小暗格都可以，女性可以选择适合自己穿着的色彩鲜

艳的服装。

在庄重场合，例如参加会议、庄严仪式、正式宴会、会见外宾等隆重庄严的活动，服饰应当力求庄重、典雅。凡是请柬上规定穿礼服的，应按规定着装。庄重场合一般不宜穿夹克、牛仔，更不能穿短裤或背心。

正式场合的衣着应当严格符合穿着规范。男子穿西装，一定要系领带。西服应熨平整，裤子要熨出裤线，衣领、袖口要干净。女子不宜赤脚穿凉鞋。懂得尊重场合的人，就是懂得自尊的人，给人留一个做事讲究的印象，就会吸引同样的人来跟自己认识了。

3.应时着装

着装必须应时。所谓应时，不是指追求时髦，而是要求着装必须与穿着的具体时间相吻合，不可不分四季、不分早晚地胡乱着装。通常，夏季应以凉爽、轻柔、简洁为原则，在使自己舒爽的同时，也让服装色彩与款式给予他人视觉和心理上的良好感受。冬季应以保暖、轻便着装为原则，避免臃肿不堪，也要避免只要风度不要温度，为形体美观而着装太单薄，给人不会照顾自己的感觉。应该注意，即使同是裙装，在夏天面料应是轻薄的，冬天要穿面料厚的，春秋两季可选择的范围更大、更多些。

虽然人们常说"不要以貌取人"，但是着装合适与否还是会影响到别人对自己的评价。根据以上原则留意你的服饰和仪表吧，这并不是叫你穿上最流行的、最时髦的衣服，只是要求你穿得有自己的特点，给他人留有一个好的印象，也给自己增添一份自信与魅力。

修饰面容，气色好才迷人

面容是人的仪表之首，也是最为动人之处，所以面容的修饰是仪容美的重头戏，特别是在社交场合，对于面容的修饰更为重要。由于性别的差异和人们认知角度的不同，男女在面容美化的方式、方法和具体要求上是不同的，他们有着各自不同的特点。

1.男人也需要护肤

如今男士护肤用品越来越多，传达给人们一个"会护肤的男人才是真男人"的理念，男人们也很乐意接受这个理念，开始使用洁面、润肤等护肤产品，这是一个很好的现象，脸上皮肤滋润给人的感觉当然好过于干燥没有光泽的皮肤了。所以，没有开始护肤的人要立刻行动起来才好。

除了脸部皮肤，男人脸上的重点就体现在胡须上。男人应该养成每天修面剃须的良好习惯。如果实在想蓄须的话，也应该从自身人际交往出发，看是否允许。如果蓄须了就应该经常修剪，保持卫生。不管是留小胡子还是络腮胡，整洁大方是最重要的。而没有留胡子的人，在出席各种公共场合或社交活动的时候，切不能胡子拉碴地去。

另外，男士还应该注意保护唇部皮肤，尤其是在秋冬季节，晚上临睡前给嘴唇涂一点蜂蜜或者有滋润作用的护唇膏，保持唇部皮肤的本色和光泽，会让你看起来健康有活力。

2.女人的气色最重要

整容和化妆是女性面容美化的两种主要方式。整容是通过外科手术来改变人的容貌，如隆鼻、割双眼皮以及文眉等。整容有一劳永逸的功效，但是一个人的力量是完成不了的，同时它还有手术失败而毁容的危险，所以选择整容的人一定要慎重。

相比较而言，化妆则便利、易改又没有风险，所以受到不少女士的喜爱，它也成为女人美化自己的首选。一般来说，化妆应特别注意如下几点：

1.化妆的浓淡要考虑时间、场合的问题

随着时间与场合的改变，妆容应该有相应的变化。白天，在自然光下，略施粉黛即可；在工作的时候也应以清新、自然的妆容为宜。而在参加晚间的娱乐活动时，浓妆比淡妆更好。

2.化妆治标而不治本，属消极的美容，应注重积极的美容

面部的皮肤比我们想象中更娇嫩，任何不科学的外部刺激都会对其产生不同程度的损伤。正如大家所知道的，任何化妆品中均含有一定量的化学物质，这些化学物质对皮肤多少都会有不良的刺激。不少女士喜欢浓妆艳抹，这样也许会为她增添几分妩媚，但事实上，这是消极美容，会对皮肤产生一定程度的伤害。因此，要想使面容的仪表更好，最好的方法是采用体内调和的美容法。

首先，在生活中要多多参加户外体育活动，促进表皮细胞的繁殖，使表皮形成一层抵御有害物质的天然屏障。

其次，良好的心境与充足的睡眠也是不可少
的。这对皮肤的新陈代谢有一定的作用，也会使面
容有光泽。

再次，合理的饮食也不可忽略。多喝水，
多吃富含维生素C较多的水果蔬菜等，少
吃辛辣、高糖、高热量的食物。

最后，坚持科学的面部护理与按摩
也是十分重要的。它能促进血液循环，
使面容更加红润健康。

众所周知，不修边幅的人在社会上
是没有影响力的，所以，无论男性女性，
都要注意自己的面容修饰，让靓丽的容
颜增加你的吸引力。

出门前，请先"理"好你的头发

头发是我们形象中最重要的部分，因为不管我们的服装如何变换，头发始终跟
着我们。事实上，不少人也经常根据头发来定义一个人。你是不是经常听见别人在
喊"那个红头发的"或是"那个黄头发的"？可见头发在一个人形象中是多么容易
引起注意了。

一个周五的晚上，几个好朋友为了给曹蒙庆祝生日，特意拉着他到理发
店烫了个时髦的"鸡窝头"，然后又拉着他去一家知名的摇滚乐酒吧吃喝玩
乐，直到凌晨4点，这帮好友才各自道别，回家睡觉。

早上8点的时候，曹蒙的电话响了，一接，是曹蒙单位经理的电话，因为
经理临时有事，让曹蒙代他去和一个重要客户签署合同书，时间安排在上午
9点。从曹蒙家到客户那里至少要40分钟的路程，要是堵车的话就可能迟到。
曹蒙不敢怠慢，赶紧起床，拿起一套西装穿上就出了门。

果然，曹蒙在去的路上遇上了堵车，还好他在最后几分钟顺利赶到了客

6666

66666666

666666

666666

66666

户那里。一见到曹蒙，客户的眼里闪过耐人寻味的神色，先让曹蒙坐下，客户就去了隔壁房间。过了一会儿，客户对曹蒙说："我看今天这个合同就暂时别签了，咱们以后再约时间，好吧！这样，麻烦你跑一趟，还请你先回去吧！"

曹蒙觉得莫名其妙，却又不便深问原因，只得快快地回去了。随后，曹蒙接到了经理的电话，问他搞什么鬼，顶着一个鸡窝头就去了，客户还以为他是个小混混，把客户吓了一跳，合同的事情也就暂缓了。

曹蒙的一个"鸡窝头"差点毁了一桩生意。由此可以看出，一个坏的发型是注定不讨喜的。事实上，人们注意和打量他人，往往是从头部开始的。而头发生长于头顶，位于人体的"制高点"，所以更要引起重视。鉴于此，要想打造良好形象，首先应该从"头"出发。

一般来说，人们要注意这样几个头发上的细节，才不至于有损形象。

1.基本要求：干净整洁

如果你没有时间过多照顾你的头发，至少应保持它的干净整洁，一般两天清洗一次头发为宜（夏天可适当增加频率）。平时也应注意对头发的养护，使其具有自然光泽。

2.发型得体

发型，即头发的整体造型。选择发型，除个人偏好可适当兼顾外，最重要的是要考虑个人条件和所处场合。

（1）个人条件。

个人条件，包括发质、脸形、身高、胖瘦、年纪、着装、佩饰、性格等，都会影响发型的选择，对此切不可掉以轻心，不闻不问。

在上述个人条件里，脸形对发型的选择影响最大。选择发型时，一定要考虑自己的脸形特点，例如，国字脸的男士最好别理板寸，否则看上去好像一张扑克牌。Ω发型，则主要适合鹅蛋脸的女士，头发的下端向外翻翘，可展示此种脸形之美。要是倒三角脸形的女士选择了它，就不太好看了。

（2）所处场合。

在社会生活中，人们的职业不同、身份不同、工作环境不同，发型自然也应有所不同。总而言之，在工作场合抛头露面的人，发型应当传统、庄重、保守一些；在社交场合频频亮相的人，发型则应当个性、时尚、艺术一些。至于前卫、怪异的发型，一般只有对艺术、娱乐工作者才是适合的。

3.长短适中

虽然说头发或长或短完全是一个人的自由，但是从社交礼仪和审美的角度来说，发型应该大方、高雅、得体、干练，具体来说，要考虑以下几个因素的影响：

（1）性别因素。

男性和女性的区别，在头发长短上就有所体现。一般大家的观点是：女士可以留短发，但是却很少理寸头；男士的头发虽然也可以稍长，但是不宜长发披肩、扎辫子之类的。

（2）身高因素。

从美观的角度来说，头发的长度在一定程度上应该与个人身高有关。以女士留长发为例，头发的长度应该与身高成正比。如果一个女生个子矮小，头发却长过腰，这样会显得自己的个头更矮的。

（3）职业因素。

职业对头发的长短也有一定的影响因素的。比如，野战军的战士通常会理寸头，这是为了方便负伤的抢救，但是商政界人士则不适合这样。对于在商界工作的女士来说，头发最好不过肩，而且应以束发、盘发作为变通；男士则不宜留鬓角和发帘，长度最好以不触及衬衣领口为宜。

4.发色与肤色匹配

现在选择染发的人越来越多，染发时应该要注意使发色和肤色协调。

与深棕色头发搭配的肤色：任何肤色，肤色白皙者尤佳。

与浅棕色头发搭配的肤色：白皙肤色或麦芽肤色、古铜肤色者均可。

与铜金色头发搭配的肤色：白皙或麦芽肤色，也很适合肤色微黑的女士。

与葡萄紫色头发搭配的肤色：自然肤色或白皙肤色，非常适合肤色偏黄的女士。

最好不要染过于夸张的红色、黄色、蓝色、绿色等颜色，以免给人留下是"小混混"的感觉。

5.美化自然

人们在修饰头发时，往往会有意识地运用某些技术手段对其进行美化，这就是所谓的美发。美发不仅要美观大方，而且要自然，不宜雕琢过重，或是不合时宜。例如，不要过多使用啫喱、喷彩之类的东西，如果一定要使用，也最好选择无香型，免得和香水、化妆品等气味混杂在一起，使别人闻了不舒服。

头发整洁、发型大方是个人形象对发型美的最基本要求。整洁大方的发型易给人留下神清气爽的印象，而披头散发则会给人以萎靡不振的感觉。一般来说，发型本身是无所谓美丑的，只有一个人所选的发型与自己的脸形、肤色、体形相匹配，与自己的气质、职业、身份相吻合时方能显现出真正的美。决定发型美的许多因素是人所无法随意改变的，但通过对不同发型的选择，可以起到扬长避短的作用，充分展现自己的美而让人忽视自己的缺陷，在人际交往中给他人留下良好的印象。

善用饰品会提升自身形象

虽然首饰的作用仅限于装扮而没有任何实用价值，但人们对首饰的热爱却是从远古时期就开始了。特别是到了现代，饰品已经成为个人形象必不可少的修饰，起着画龙点睛的作用。佩戴一款合适的首饰，会提升个人的形象品位甚至是身价，即使是商务人员也不能完全远离首饰。因此了解不同场合、不同条件下如何选戴首饰很有必要。

人们最经常佩戴的首饰当属戒指、项链和耳环。

戒指是爱情的信物、富贵的象征、吉祥的标志。在西方国家，戒指是希望、快乐的象征。琥珀或玉石戒指象征着幸运；钻石戒指戴在男性手指上象征着勇敢与坚定，戴在女性的手指上则象征着高贵。

戒指就质地而言，有钻石、金、银、玉等；就造型来分，有对称式与不对称式两种。

选戴戒指，不同年龄、不同性别、不同身份的人应有所不同。老年人可戴有"寿"字的戒指；男士可选戴方戒、圆戒、名字戒等线条简洁、款式粗犷的戒指；女士可选择款式多变、线条柔美、做工精致、小巧的戒指；商务人员工作时，可以不戴戒指，如果戴时，应选戴黄金、白金、白银等制作的戒指。若要参加高雅的社交活动，应选择与时装、礼服相配套的珠宝镶嵌的戒指。

戒指是一种无声的语言，戴在食指上表示想结婚和已经求婚；戴在中指上表示正在恋爱中；戴在无名指上表示已订婚或结婚；戴在小指上则表示是独身者。千万不要戴错了，给别人传递了错误的信息。

项链则是女性最常佩戴的饰品之一。它大致可分为金属项链和珠宝项链两大类。商界女士在选择项链时，应选择庄重、雅致、不过分粗大的为好，比如质地较好、小巧精致的金属项链可为理想的选择。若参加社交活动，则可选择色泽亮丽、造型美观的珠宝项链。

项链的佩戴要因人而异。脖子细长的人应选戴短项链，其长度为40厘米左右；而脖子粗短的人，应选戴细长项链，其长度为60厘米左右；一般人可选戴中长项链，其长度为45厘米左右。老年人宜选择质地上乘、做工精细的项链，中年人宜选择工艺性强、质朴典雅的项链，青年人则以选颜色好、款式新颖的项链为好。

选择项链，还应与穿着的服装相配。衣服轻柔飘逸，项链应玲珑精致；衣服面料厚实，项链要粗大些；衣服颜色单一或颜色素雅，项链可选择鲜艳、醒目之色，如天蓝宝石项链、红玛瑙项链等；衣服色彩艳丽，可选择色泽古朴、典雅的项链，如景泰蓝、玛瑙、珐琅等项链。

传统的中国女性最注重的首饰就是戒指与项链，而对于西方女性来说，也许更看重戒指与耳环，因为她们感觉耳环最能显示她们的脸孔。一副简洁的耳环能把一件普通的衣服衬托得更有特色。

耳环的选择主要考虑佩戴者的脸形：圆脸适宜戴各种款式的长耳环或垂坠、耳珠；瓜子脸是最为可人的脸形，应该说几乎所有造型的耳环都适于选戴，尤以扇形耳环、奶滴形耳环更显秀丽妩媚；方脸形的女性可选用富有弧线、线条流畅的圆形、纽形、鸡心形、螺旋形耳环，使脸形显得具有曲线之美。方脸形具有阳刚之气，因此应选用精致细巧、造型柔和的中小型耳环。

一般肤色白皙的女性适宜戴红色、翡翠绿等色彩较为鲜艳的

耳环；皮肤偏黑的女性，宜选用色调柔和的白色、浅蓝、天蓝、粉红色耳环；金色耳环适合于各种肤色的人佩戴。

耳环的佩戴必须与整体服饰协调一致，服饰色调鲜艳的，耳环色泽宜淡雅或同色调。

在各种比较正规的社交场合，如参加宴会、婚礼或庆典仪式，应选用高档的耳环，如用钻石、翡翠、宝石镶嵌的耳环。

总之，佩戴首饰最重要的就是要与你的整体搭配协调统一，从而提升你的形象。需要注意的是，首饰贵在精不在多，不要把自己的身上挂满首饰，那样只会使你看上去像个暴发户。

让足下生辉，别以为别人不会注意你的脚

很多人热衷于衣物的雕琢，却往往忽视脚底的打扮，一年到头就那两双鞋子，袜子颜色也不注意和衣服的搭配。殊不知，鞋袜也是服装搭配里的一项重头戏，如果只讲究衣着的光鲜华美，却"不伦不类"地配上一双不合时宜的鞋子或者袜子，其结果只能使自己的气质和品位大打折扣。那么，我们如何用鞋袜装扮自己，让自己成为人人艳羡的社交明星呢？下面就给你指点。

鞋只是用来点缀整体形象的，尽量不要穿有太多装饰、样子太复杂的鞋。鞋子款式要大方，如果别人第一眼看到的是你的鞋子，那就是失败的穿着。鞋子的色彩和款式可能成功地使服饰增辉，也可能导致失败。所以，穿鞋的基本原则是既舒适又漂亮，鞋的款式和色彩要与所穿的服装式样相协调。

在正式或半正式场合，男性一般穿没有花纹的黑色平跟皮鞋，女性一般穿黑色半高跟皮鞋。露脚趾的皮凉鞋是绝对禁止在礼仪场合穿着的。旅游鞋、布鞋、各式时装鞋与正规的礼服也是不相配的。轻柔飘逸的裙衫配造型粗犷的皮鞋就会让人感觉脚太笨重，身着端庄的西服脚蹬玲珑的高跟舞鞋，也会使人觉得不伦不类。需要注意的是，女性在选择高跟鞋时，不要穿太高太细的高跟，鞋跟一般不宜超过5厘米，以免走路时东摇西摆、步履不稳，反而会影响形象。

　　鞋与服装在质地上也应和谐、统一。精纺的全毛料裤要与光亮质高的牛皮鞋或漆皮鞋相配；帆布的休闲裤宜与同质地的散步鞋或松紧口的牛仔布鞋步调一致；条绒或细灯芯绒裤应该配上绒面革或为麂皮的皮鞋；粗花呢敞口裤与压花模的厚质皮鞋匹配才有生气；真丝连衣裙配上双色彩协调的麻边凉鞋，那份浪漫情怀只能意会，不可言传。

　　除了鞋子搭配，还要注重鞋子的质量，质量不仅反映了人的身份，还能使你避免出现皮鞋开线、掉跟等尴尬局面的发生。况且，一双优质的鞋子远远要比劣质的鞋子穿的次数要多，寿命也长得多。

　　了解了鞋子的搭配，我们再来看看袜子的选择。一个人的形象是非常系统的整体，一个有品位的人绝对不会在一双名牌鞋子里面穿上廉价的尼龙丝袜，也不会穿套裙的时候配一双短丝袜。有品位的人无论何时出现都会是一副完美的形象，没有一丝纰漏。下面就来学习一下袜子与鞋子以及衣服的搭配法则吧。

　　对男性来说，法则很简单，就是袜子的颜色要与裤子一样或者比裤子的颜色更深一点，这是一个很常规也是必需的穿法，绝不会出错。比如你穿一双白色或者褐色的皮鞋，而你穿的是蓝色裤子，袜子就应该是蓝色或者黑色的，绝对不能穿白色袜子。

　　对女性来说，穿套裙的时候应该穿长筒袜，穿裤装的时候就要搭配与裤子颜色相近的袜子，即使是穿短装，也要搭配短的毛线袜或棉袜，而不是短丝袜。穿着露在外面的短丝袜是职业女性搭配中的禁忌。选择袜子时以透明近似肤色的最好，并在办公室抽屉里或手提包内存放备用袜子，以在脏污、破损时可以更换，避免陷入尴尬。

　　相对鞋子来说，袜子是比较小的细节，要先选好鞋子，再来确定袜子就可以了，所以，要想足下生辉，鞋子上的功夫还是要比较大的，既要会买，还要会保养。在华尔街上流行着这样一句俗语："永远不要相信一个穿着破皮鞋和不擦皮鞋的人。"英国一位世家做皮鞋生意的绅士说："低头看看他脚上穿的，就知道他真实的身份。"可见，你的经济水平、生活方式、着装品位，都或多或少地反映在那一双鞋上，它是人们在对你的成就、可信度、社会背景、教养等的又一个重要检验标准。所以，扔掉你所有的破皮鞋吧！每天穿着你擦得发亮的皮鞋，告诉别人你是可靠、勤奋、有教养、成功的人吧！

第五篇

步步为营，赢取对方信任的策略

层层释疑，让对方放下心理包袱

无论是求人办事，还是想进一步发展彼此的交情，赢得他人信任是成功交际必不可少的基本条件。因为人的思想是复杂的，有时会对某些事情感觉不是很有把握，或对某一事物不理解、想不通，于是疑虑重重，这些往往是不可避免的。

想从根本上解决这一问题，就要求我们要善于以情定疑，把道理说透。一旦消除了这些疑虑，自然就能够赢得对方的信任。不过，消除别人的疑虑并不是一件很容易的事情，而需要一点一点地、层层递进，穷追不舍，把道理讲明白、讲透彻，这就是层层释疑的方法。

1921年，美国百万富翁哈默听说苏联实行新经济政策，鼓励吸收外资，就打算去苏联做粮食生意，当时苏联正缺粮食，恰巧美国粮食大丰收。此外，苏联有的是美国需要的毛皮、白金、绿宝石，如果双方交换，是一笔不错的交易。哈默打定了主意，来到了苏联。

哈默到达莫斯科的第二天早晨，就被召到了列宁的办公室，列宁和他进行了亲切的交谈。粮食问题谈完以后，列宁对哈默说，希望他在苏联投资，经营企业。西方对苏联实行新经济政策抱有很深的偏见，搞了许多怀有恶意的宣传。哈默听了，心存疑虑，默默不语。

聪明的列宁当然看透了哈默的心事，于是耐心地对哈默讲了实行新经济政策的目的，并且告诉哈默："新经济政策要求重新发展我们的经济潜能。我们希望建立一种给外国人以工商业承租权的制度来加速我们的经济发展。"

经过一番交谈，哈默弄清了苏维埃政权的性质和苏联吸引外资企业的平等互利原则，于是很想大干一番。但是不一会儿，他又动摇起来，想打退堂鼓。为什么？因为哈默又听说苏

分红

职权

维埃政府机构，人浮于事，手续繁多，尤其是机关人员办事儿拖拉的作风，令人吃不消。

当列宁听完哈默的担心时，立即又安慰他道："官僚主义，这是我们最大的祸害之一。我打算指定一两个人组成特别委员会，全权处理这件事，他们会向你提供你所需要的帮助。"

除此之外，哈默又担心在苏联投资办企业，苏联只顾发展自己的经济潜能，而不注意保证外商的利益，以致外商在苏联办企业得不到什么实惠。

当列宁从哈默的谈吐中听出这种忧虑，马上又把话说得一清二楚："我们明白，我们必须确定一些条件，保证承租的人有利可图。商人不都是慈善家，除非觉得可以赚钱，不然只有傻瓜才会在苏联投资。"

列宁对哈默的一连串的疑虑，逐一进行释疑，一样一样地都给他说清楚，并且斩钉截铁，干脆利落，毫不含糊，把政策交代得明明白白，使得哈默的心好像一块石头落了地。没过多久，哈默就成了第一个在苏联租办企业的美国人。

假如当初列宁不是很巧妙地解开哈默的疑问，那么哈默很有可能就不会在苏联投资了，那样无论对哪一方都将会是一种损失。

因此，在交际中当对方心存疑虑时，你若是想赢得对方的信任，最好采用层层释疑的方法，巧妙解开对方的疑团，让对方放下心理包袱，那么彼此间的交往就会变得顺畅多了。

把"他应该知道"的事详细告诉他，消除不信任感

一般情况下，不信任感容易产生在我们未给予对方充分的信息，让对方怀疑你对他隐瞒了什么时。因为双方掌握的信息量有出入，对方会担心自己处于不利的状态。如果不消除对方这种心理状态，就想让他做什么事情，他会担心你在利用他的无知，因此就会对你产生不信任感。

在这种情况下，有两点必须引起我们的注意。

首先，不要认为对方可能已经知道了某件事情，就不再告诉他。这时"因为他没问，所以我没说"这种说法是行不通的。缺乏信息的对方往往会因为以下两种原因而不去主动询问：第一，不知道自己的不明之处，也就是说，不知道自己在哪方面缺乏信息；第二，因为不知道，所以担心对方知道自己不知道。所以，为了防止因信息量的差距而产生不信任感，或是已经产生了不信任感想加以消除，你首先应该把你认为"他应该知道"的事情详细告诉对方，以缩小这种信息量的差距。

其次，必须注意的是，在给予对方信息时，如果都是你这一方的信息，反而会招致对方对你的不信任。因此，你应该自然地说明对方自己可以确认那些信息是否可靠的办法。例如，你可以对他说："你去问某某，就更清楚了。"另外，运用在说服的同时讲明消极信息的做法也是消除不信任感的好方法。

我们平时在日常生活中，不要老是向有求于自己的人说"不"。在可能的情况下，为了以后有求于别人，应尽可能地说"是"，这样等有朝一日换你想说服他时就会轻松许多。正如卡耐基所指出，要想成功地搭建沟通的桥梁，首先应让对方感觉你是可信的。

用好态度打消对方疑心，让他知道你可信

在消除对方疑虑取得信任的过程中，好态度是一个不容忽视的重要因素。下面，我们一起来看看卡耐基在这方面的亲身经历。

有一次，卡耐基受一家公司委托，请求某位学者帮忙。起初工作进展得好像很顺利，但是不久之后，公司的负责人给他打来了一个令人不解的电话，说不知道为什么，学者的态度突然变了，弄不好会拒绝工作。卡耐基对他采取了各种方法，仍无济于事。即使是允诺改善工作报酬、放宽日期也未能打动他的心。

卡耐基想总得见他一面，听听情况。于是，当天晚上，他陪公司负责人拜访了那位学者。在学者家里，卡耐基听到学者说的话之后感到非常意外，那位学者提到担心公司方面是否能履行有关合同，和公司配合得不够默契，等等。

卡耐基知道在这种情况下说服也是不起作用的，因此在回家的途中，他向与他同路的公司负责人建议说："我不知道究竟是什么原因造成了这样的结果，也许是一些不重要的小事引起了他对公司的不信任，现在说服他是没有用的。为了打破僵局，你应该尽快向对方表示出公司的诚意和热情。"

第二天早上天刚亮，公司负责人就兴高采烈地给卡耐基打电话说："先生，他又愿意接受工作了。"原来，那天夜里他们分手以后，卡耐基又回到学者家附近，在那里拦了一辆出租车，等待着次日要搭第一趟火车去旅行的学者，并把他送到了火车站。他又说："我一直祈祷着学者能乘坐我准备好的出租车，因为他坐不坐这辆车是事情能否成功的关键。"听他这么一说，卡耐基认为那位学者的不信任感也该冰消瓦解了。

这件事只不过是卡耐基的一点点经历，相信很多读者也可能被对方这样拒绝过。不难看出，卡耐基之所以会感到那位学者拒绝工作的原因可能来自对公司的不信任感，也可能是从他的言行中发现了具有不信任感的人所具有的特征。

如果对人不信任，通常就会产生强烈的疑心。因此，一般人不认为是什么大问题的事情他却会觉得非常严重。例如，反复叮咛对方要守约、保守秘密、互相尊重人格等这些做人最基本的原则，或是将互相信任的人之间用来开玩笑的事情，视为了不得的大问题。

同时，若是担心自己不知何时被不信任的对方所"出卖"，也是会表现出拒绝对方接近的态度。例如，说话带刺，或是你说一句，他却反驳两三句。不过，这些表现尚属初期的症状，

一个怀有根深蒂固的不信任感的人，或认为反驳对方也无济于事的人，往往会采取没有反应、装作没听见或爱理不理的拒绝方式。尽管他与你对面而坐，往往表示出与所谓敞开胸襟的态度完全相反的别扭态度。有时虽然自己不开口，却想窥测你心中的细微变化。因此，眼神中会充满冷漠的寒光或将视线移向别处。

还需要注意的是，如果发现对方持有不信任感，对他使用了不适应他心理的交流方法，反而会加厚对方的心理屏障。因此，首先要搞清楚对方产生不信任感的原因，然后再根据它将会怎样发展下去这种心理结构，进行进一步的交流往来。

恪守信用能赢得对方长久信赖

信用是长时间积累的信任和诚信度，它是我们与人竞争与人共处时最重要的素质和资本。一个有交际能力的人应该是一个恪守信用的人，以诚信去处理人际关系才会赢得别人的信任与尊重，赢得更多的朋友，有时甚至可以决定你的生存质量和命运走向。

一个顾客走进一家汽车维修店，自称是某运输公司的汽车司机。"在我的账单上多写点零件，我回公司报销后，有你一份好处。"他对店主说。

但店主拒绝了这样的要求。

顾客纠缠说："我的生意不算小，会常来的，你肯定能赚很多钱！"

店主告诉他，这事他无论如何也不会做。

顾客气急败坏地嚷道："谁都会这么干的，我看你是太傻了。"

店主火了，他要那个顾客马上离开，到别处谈这种生意去。

这时顾客露出微笑并满怀敬佩地握住店主的手："我就是那家运输公司的老板，我一直在寻找一个固定的、信得过的维修店，你还让我到哪里去谈这笔生意呢？"

面对诱惑，店主没有心动，不为其所惑，坚守诚信，因此他赢得了顾客的信任。诚信是为人之本，立业之基，是打开你人际关系的"万能钥匙"。

如今，社会复杂，世事难料，人心叵测，每一个人都带着厚厚的眼镜看世界，裹着厚厚的棉被与人交往，彼此之间小心翼翼，思前顾后，人与人之间总有一层隔膜或一道难以逾越的鸿沟，最终只能导致彼此之间逐渐疏远和冷漠。我们需要的是信任、信赖和相互扶持，这就需要我们敞开心扉，用真诚和诚实对待别人，用诚信之心面对周围的人和事物，因为只有诚信才能征服别人，赢得尊重。

尼泊尔的喜马拉雅山南麓是风靡世界的旅游胜地，但是，谁能想象到这样一块胜地早年却是无人问津、无人涉足的地方，而它的美貌乍现于天下却源于一位少年的诚信。

起初，有很多日本人到这里来观光旅游，他们想亲眼目睹喜马拉雅山的壮观和伟岸。由于不熟悉当地环境和方言，有一天，几位日本摄影师不得不请当地一位少年代买啤酒，结果，这位少年为之跑了3个多小时买回了啤酒。第二天，那个少年又自告奋勇地再替他们买啤酒。这次摄影师们给了他很多钱，但直到第三天下午那个少年还没回来。于是，摄影师们议论纷纷，都认为那个少年把钱骗走了。但令人意想不到的是，第三天夜里，那个少年却敲开了摄影师的门。原来，他只购得4瓶啤酒，为了购买另外的6瓶，他又翻了一座山，蹚过一条河才购得，然而，小男孩返回时却因绊倒摔坏了3瓶。他哭着拿着碎玻璃片，向摄影师交回零钱，在场的人无不动容。这个故事使许多外国人深受感动。后来，到这儿的游客就越来越多了……

不要以为进入市场经济了，就可以抛弃一切"陈规老套"，认为那套东西对当代人早已过时了，不适用了，我们应该要小聪明的时候就要要了……如果你这么想，那你就大错特错了。其实，很多老祖宗留下的东西都是"宝贝"，弃之不用，你只会在无数摸爬滚打中"栽跟头"，在无数挫折困难中验证它的真理性。

譬如诚信，"无信者不足以立于天下"，也许一个背信弃义的人在人际交往中可能取得暂时的利益，能暂时得意，也不会有羞辱之感，但是时间会碾碎他，时间会抛弃他，时间会让他曾经"购买"的"股票"全部贬值，而且贬得一文不值。

在这个世界上有些东西是具有永久的"储藏"价值的，诚信便是，"储存"诚信能让你赢得别人的信赖和信任，更能征服别人，让你的"腰板"更直，是助你的学业或者事业取得成功的重要砝码。

泄露自己的秘密是赢得信任的绝佳技巧

要赢得对方的信任，进而说服对方的方法是很多的，但其中很重要的一方面就是说话必须要有效果，要懂得说话的技巧和方法。

爱默生认为，不管一个人的地位如何低，都可以向他学习某些东西，因此每一个人跟他说话时，他都会侧耳聆听。相信在银幕外面时没有一个人听过的话比卡耐基更多，只要是愿意说出个人体验的人，就算他所得到的人生教训微不足道，卡耐基仍然能够听得津津有味，始终不曾感到乏味。

有一次，有人请卡耐基训练班的教师在小纸条上写下他们认为初学演说者所碰到的最大问题。经过统计之后发现，"引导初学者选择适当的题目演说"，这是卡耐基训练班上课初期最常碰到的问题。

什么才是适当的题目呢？假使你曾经具有这种生活经历和体验，经由经验和省思而使之成为你的思想，你便可以确定这个题目适合于你。怎样去寻找题目呢？深入自己的记忆里，从自己的背景中去搜寻生命中那些有意义并给你留下鲜明印象的事情。

多年前，卡耐基根据能够吸引听众注意的题目做了一番调查，发现最为听众欣赏的题目都与某些特定的个人背景有关，例如：

早年成长的历程：与家庭、童年回忆、学校生活有关的题目，一定会吸引他人的注意。因为别人在成长的环境里如何面对并克服阻碍的经过，最能引起听众的兴趣。

你的嗜好和娱乐：这方面的题目依各人所好而定，因此也是能引人注意的题材。说一件纯因自己喜欢才去做的事，是不可能会出差错的。你对某一特别嗜好发自内心的热忱，能使你把这个题目清楚地交代给听众。

幼年时代与奋斗的经过：像有关家庭生活、童年时的回忆、学生时代的话题，以及奋斗的经过，几乎都能赢得听众的注意，因为几乎所有的人，都很关心其他的人在各自不同的环境中，如何碰到障碍，以及如何克服它。

年轻时代的力争上游：这种领域的话题，亦颇富于人情味以及趣味的。为了争口气，在社会上扬眉吐气，这种力争上游的经过，必能牢牢地抓住听众的心，你如何争取到现在的工作？你如何创办目前的事业？是什么动机促成你今日的成就？这些都是受到欢迎的好题材。

特殊的知识领域：在某一领域工作多年，你一定可以成为这方面的专家。即使根据多年的经验或研究来讨论有关自己工作或职业方面的事情，也可以获得听众的注意与尊敬。

不同寻常的经历：你碰到过伟人吗？战争中曾经受过炮火的洗礼吗？经历过精神方面的危机吗？诸如这些经验，都能够成为很好的谈话题材。

因此，你可以用下面的方法赢得听众的信任。

1.说自己经历或考虑过的事情

若干年前，卡耐基训练班的教师们在芝加哥的希尔顿饭店开会。会中，一位学员这样开头："自由、平等、博爱，这些是人类字典中最伟大

的思想。没有自由，生命便无法存活。试想，如果人的行动自由处处受到限制，那会是怎样的一种生活？"

一说到这儿，他的老师便明智地请他停止，并问他何以相信自己所言。老师问他是否有什么证明或亲身经历可以支持他刚才所说的内容。于是他告诉了我们一个真实感人的故事。

他曾是一名法国的地下斗士。他告诉我们他与家人在纳粹统治下所遭受的屈辱。他以鲜明、生动的词语描述了自己和家人是如何逃过秘密警察并最后来到美国的。他是这样结束自己的讲话的：

"今天，我走过密歇根街来到这家饭店，我能随意地自由来去。我经过一位警察的身边，他也并不注意我。我走进饭店，也无须出示身份证。等会议结束后，我可以按照自己的选择前往芝加哥任何地方。因此请相信，自由值得我们每个人为之奋斗。"

全场观众起立为他热烈地鼓掌。

2.讲述生命对自己的启示

诉说生命启示的演说者，绝不会吸引不到听众。卡耐基从经验中得知，很不容易让演说者接受这个观点——他们避免使用个人经验，以为这样太琐碎、太有局限性。他们宁愿上天下地去扯些一般性的概念及哲学原理。可悲的是，那里空气稀薄，凡夫俗子无法呼吸。人们都会关注生命，关注自我，因此当你去诉说生命对你的启示时，他人自然会成为你的忠实听众。

3.真切显露你的诚意

这里有个问题，即你以为合适的题目，是否适合当众讨论。假设有人站起来直言反对你的观点，你是否会信心十足、热烈激昂地为自己辩护？如果你会，你的题目就对了。

学会推销自己，让他知道你重要

交际中，想要赢得他人的信任，首先需要让对方对你有所了解，那么，自我推销就显得非常重要。尤其在初次见面时，如果能让人对你留下深刻的印象，那将是非常重要的。

　　为了做好自我推销，你首先要做好自我介绍。

　　当你们见面，目光相对，互露微笑之后，接下去就是"我叫……"的自我介绍，这种介绍的要点就是要讲清楚自己的名字和身份。如果对方因没有搞清你的名字而叫错，彼此一定会觉得很尴尬，很容易造成不愉快的场面。因此，自我介绍时，除了要讲清楚自己的名字和身份外，最好附带一句能给别人留下深刻印象的解释，比如说："我姓张，弓长张。"这样不但不会使对方发生误解，还可以加深对方的印象。

　　非常重要的一点是必须记牢对方的名字，最好的办法就是找机会说出对方的名字，帮助记忆，在讲话中时常提到对方的名字，这样对方会觉得你很重视他，而感到愉快，促进感情交流。

　　接下来，你就可以向别人推销你的优点了，当然在自我推销时，你必须抓住时机。在中国历史上关于推销自己的故事就很多，毛遂自荐便是最著名的一个例子。

　　当时，赵国被秦国打得节节败退，公子平原君计划向楚国求救，打算从门下食客当中挑出20名文武兼备的人物与他随行，结果精选出19位，还差一位无法选出，平原君伤透了脑筋，这时有个叫毛遂的人自我推荐，要求加入。

　　平原君大为惊讶，就对毛遂说："凡人在世，如同锥子在袋子里面，若是锐利的话，尖端很快就会戳穿袋子，露在外面，而人会出人头地。可是，你在我门下三年，一向默默无闻，你没有崭露锋芒。"

　　毛遂回答说："我之所以默默无闻，就是因为我一直没有机会，如果把我放在袋子里面，不仅尖端，甚至连柄都会露在外面。"

　　平原君听完后，就决定让他加入行列，凑足了20人，前往楚国求救。到了楚国后，毛遂大露锋芒，协助平原君成功地完成了任务。其余19人都望尘莫及，自愧不如。

　　无论与什么人打交道，请记住，只有你真正向别人推销出你的才能时，别人才会信任你，你们的交往才会顺利进行，你的事情自然也会更好办。

第六篇

震慑人心，提升自身气场的策略

做气场最强大的人

在社交中，我们每个人都会扮演独特的角色，你有没有想过自己究竟充当一个什么样的角色？你有没有想过自己究竟是一个受到所有人关注的主角，还是被所有人忽视的龙套？

你需要关注自己究竟在这样的舞台上扮演一个什么样的角色，因为你扮演的角色并不仅仅会决定你的影响力、感召力，同时也是你自身气场的反映。人们在社交场合拥有什么样的地位是由他们目前的气场来决定。可是，在你内心里真正渴望成为什么样的角色呢？主角，相信你也一定想要让自己成为万众瞩目的焦点，让自己的一言一语影响到很多人。

于是，我们的问题也就转变成究竟如何让自己成为那个人际舞台上最耀眼的明星？我们可以向那些主角学习，学习他们的幽默、风度等每一个小的细节。可是无论你在这些细节上花多少时间，你都会发现自己是在原地绕圈子，并没有向前走一步。我们的问题就在于将目光更多地关注一些细枝末节，而忽视了主角身上的气场光环。

人际舞台的主角就是那个在人际舞台上气场最强大的人，正是他们无所不在的强大气场让他们成为了真正的主角。

当气场最强大的人也就是主角出现在众人面前，所有人都会感受到他的气场。无论感受到的是吸引还是排斥，每个人会感觉到一股强大的气场在自己的周围时刻影响着自己，试图与自己进行更深的交流。如果你已具有观察到气场的能力，你还会发现在他们的四周有一圈耀眼的光环。在场的人对他的评价是五花八门的，但无疑他最先引起了大家的注意。

真正决定你是否是主角的，并不在于你是否唱高调、是否善于引起他人注意，而在于你的气场是否最强大。当

然，是不是最强大主要取决于与你在同一舞台上的人的较量。

美国总统奥巴马就是一个气场非常强大的人，他的气场征服了很多人，让很多选民选择了他。在确认自己赢得竞选时，奥巴马在芝加哥发表了热情洋溢的演讲，他说：

今天晚上，我想到了安妮在美国过去一百年间的种种经历：心痛和希望，挣扎和进步，那些我们被告知我们办不到的年代，以及我们现在这个年代。现在，我们坚信美国式信念——是的，我们能！

在那个年代，妇女的声音被压制，她们的希望被剥夺。但安妮活到了今天，看到妇女们站起来了，可以大声发表意见了，有选举权了。是的，我们能。

安妮经历了20世纪30年代的大萧条。农田荒芜，绝望笼罩美国大地。她看到了美国以新政、新的就业机会以及崭新的共同追求战胜了恐慌。是的，我们能。

"二战"时期，炸弹袭击我们的海港，全世界受到独裁专制威胁，安妮见证了一代美国人的英雄本色，他们捍卫了民主。是的，我们能。

安妮经历了蒙哥马利公交车事件、伯明翰黑人暴动事件、塞尔马血腥周末事件。来自亚特兰大的一位牧师告诉人们：我们终将胜利。是的，我们能。

人类登上了月球、柏林墙倒下了，科学和想象把世界连在一块儿。今年，在这次选举中，安妮的手指轻触电子屏幕，投下自己的一票。她在美国生活了106年，其间有最美好的时光，也有最黑暗的时刻，她知道美国能够变革。是的，我们能。

从奥巴马的演讲中，我们可以感受到一股自信的力量，这就是奥巴马的气场。他的气场成功地赢得了无数美国人的支持，让他从一个普通的州参议员变成了美国总统，在政治舞台上散发自己的魅力。当晚，在芝加哥共有百万民众在听奥巴马的演讲。他们为奥巴马鼓掌，为奥巴马欢呼。奥巴马无疑成为这些选民心中这场总统竞选中的唯一主角，而这一切都来自于他富于自信和力量的气场。

想要成为人际舞台上的主角吗？很简单，第一步，拥有强大的气场；第二步，走上一个自己气场会成为最强大气场的人际舞台。你要记住，除了你自己，没有人可以决定你在舞台上的位置。气场是强大还是弱小决定了你的位置，但是，只要我们不懈努力，气场是可以改变的。现在唯一的问题是，为了那最辉煌的一刻，飞蛾会献出自己的生命，你愿不愿意让自己拥有强大的气场呢？

去做气场最强大的人吧，让他人拜服在自己强大的主角气场之下！

别把"不同"视为"不一致"

在日常生活中，我们常常会听到这样的抱怨："我喜欢逛街，喜欢货比三家之后再买衣服，可是为什么他总是那么不耐烦呢？""我喜欢在家里看球赛，逛了半天街什么都不买，又累又没有成就感，可是为什么她总是那么乐此不疲呢？"通过话语可以了解人的性格、习惯。而这些正是我们每个个体所包含的能量最为个性化的体现。每当他人与自己意义不同时，他们心中就会不自觉地生出一股抱怨之气，从而引发负面的能量，引发双方气场的斗争。其实，他们的苦恼解决起来并不难，只要他们去转变一个观念，那就是"不同"不等于"不一致"。

这个世界本来就是丰富多彩的，即便是一个事物也拥有多个侧面。同样，我们自身的能量也分为正面的能量和负面的能量。而我们总是用自己习惯的方法和观念去看待这个事物。如果我们用积极的态度去看，那么这个事物散发出来的就是正面的力量。如果我们用消极的态度去看，那么这个事物散发出来的就是负面的能量。要想全面、客观地了解某一个事物，就要多从不同的方面入手，博取众家之长。

俗语说：君子和而不同。只有共识才是我们解决能量互补、气场对接的积极做法。在这一点上，日本本田汽车的创始人本田宗一郎先生为我们做出了榜样。

1965年，日本汽车业的发展迎来了一个新的机遇，一场关于汽车改进技术的争论在本田技术研究所展开了。人们对于新型汽车到底是采用"水冷"还是"气冷"的问题争执不下。此时，作为领导者的本田宗一郎支持了"气冷"。于是，新研发出来的N36D小轿车都采用了"气冷"技术。

在1968年进行的一次汽车冠军赛上，驾驶本田生产的新车型的车手出了意外。采用气冷技术的轿车在撞到墙壁后不久，油箱发生了爆炸，车手被当场烧死。据此，几名技术人员要求研制先前被冷落的"水冷技术"，被盛怒下的本田宗一郎拒绝了。但是，本田很快就纠正了自己这种偏激的做法，因为副社长藤泽的一番话深深震撼了他。藤泽说："现在的实际情况已经发生了变化，虽然您原先支持气冷技术，但事实证明气冷技术不能为我们公司带来利润，反而造成了恶劣的影响。所以，请您尊重那些为公司着想的技术部的同事们，允许他们研究水冷技术吧。"

本田先生最终支持了这个意见。"气冷"和"水冷"技术代表了当时汽车发展的两个走势。既然事实已经证明"气冷"技术在实际应用过程中会带来严重的安全事故隐患，那么为什么不能采用"水冷"技术的方法呢？本田先生先前反对是因为他误将"不同"与"不一致"两者当成了等同的概念。

我们需要看到的是，本田公司内部的"气冷"和"水冷"技术之争只是代表技术研发双方理念的不同，本身并没有正面能量和负面能量之分。不过，因为开始本田先生支持"气冷"，不自觉地就将"水冷"树立为对立面，"水冷"也就成了引发本田先生负面能量爆发的节点。不过，应该看到的一点是无论是"气冷"还是"水冷"在为公司赢利这一根本目标上并没有发生变化。也就是说，这两种技术其实是为同一个能量体服务的。赢利这个共识是他们的出发点和落脚点。本田先生开始并没有意识到这一点，所以拒绝了技术人员们的请求。

有趣的是，本田先生后来接受副社长的建议，同意研发"水冷"技术。这时，"水冷"不再作为负面能量出现了，而转化成了正面能量。既然大家都是为了公司赢利，那么采取的方法不同又有什么关系呢？由此可见，达成共识是解决分歧、融合不同气场的重要一环。

每个人的气场都是独一无二的，在与他人气场交流的过程中很容易发现自身气场的独特

性，也很容易在这样的过程中与对方气场发生对抗。你需要了解到这种不同并不总是对决的前兆，我们应该学会认真看待与他人的不同，妥善处理与他人的气场冲突。

你应该记住，真正的制胜气场不仅仅是让我们学会如何战胜对手，如何让我们的朋友感到折服，更让我们更理智地看待气场交流中出现的冲突，让我们能够更好地与他人进行气场交流，增强自己的气场能量，从而取得更加辉煌的胜利。

化解"弱矛盾"

亚伯拉罕·林肯在任时期，曾经有一位议员批评林肯对待政敌的态度，并认为林肯应该消灭而不是善待自己的政敌。林肯却说："当我让政敌成为朋友的时候，我就已经消灭政敌了。"在这个世界上，既没有永远的朋友，也同样没有永远的敌人。当我们让曾经的敌人变成朋友时，就等于消灭了敌人。

化敌为友是我们在与他人气场对决中可以采用的策略之一。要化敌为友，首要就在于分清敌友。不能准确地辨别自己气场交流中的敌友关系，不但不能做到化敌为友消除危机，更会指友为敌，误会百出；而将对立者当成支持者，则无异于与狼共舞。有个故事，说的是一个人到林子里请求树给他一根树枝做斧子柄。树答应了他的请求，给他一根结实的树枝做成斧子柄，完好地装在斧子上，但接着这个人就抡起斧子，很快地砍倒了这棵大树。由此可见，敌友关系必须准确地辨别，混淆的敌友关系对你的人际关系将是最致命的打击。

在分清敌我之后，接下来的就是弄清敌我之间的矛盾冲突所在。在很多时候，我们不难发现，其实大部分的矛盾冲突都是属于"弱矛盾"，并非没有转圜之地。而如果我们能够很好地处理这些尚有转化余地的对立关系，就很可能获得一个非常有价值的朋友。

"弱矛盾"的产生，多半是因双方在能量交流中出现的隔阂而产生的冲突。要化解这些"弱矛盾"，就必须努力找到双方的隔阂究竟是什么。而要做到这一点，首先是要怀着真诚、良好的意愿，主动地去了解对方，设身处地和对方沟通。

戴尔·卡耐基时常带着自己的狗到公园去散步。为了保护游客的安全，这个公园规定在公园中必须为狗戴上口罩。可卡耐基不忍看到爱犬可怜的模样，就将口罩取下，没想到被一位警察看到了，他走了过来，对卡耐基说："你没有看到公园门口贴的公告吗？"卡耐基争辩道："噢，我的狗是不会咬人的。"警察一听，厉声警告卡耐基："法官可不会管你的狗会不会咬人而放过你，下次再被我看到，你自己对法官说去！"

过了几天，卡耐基带了爱犬到公园里溜达，又将狗的口罩取了下来。说来也巧，上回碰到的那个警察，不知从哪里钻出来了。卡耐基满面羞愧地迎上前去，很难为情地对警察说："警官，对不起，你才警告过我，我又犯错了，我有罪，你逮捕我吧！"警察愣了一下，笑意爬上原本严肃的脸庞，他很温和地对卡耐基说："我知道谁都不忍心看到自己的狗可怜兮兮的模样，何况这里没有什么人，所以你取下了口罩。"卡耐基轻声回答道："但是，这样做是违法的。"警察望了望远处说："这样吧！你让小狗跑到那个小丘后头，让我看不见，这件事就算了。"

同是违规遛狗，争辩得到的是厉声警告，而诚恳的承认错误却得到了警察的默许，两者之间判然有别。处理气场交流中出现的"弱矛盾"也是如此，态度是至关重要的。过于专注对方与自己的不同，就会放大这种分歧，强化这种不可调和的印象。而相反，如果我们把注意力聚焦到相互间的信息上，率先柔化自身气场，设身处地地为对方考虑，那么必然会带动对方气场的这种正面倾向，从而使矛盾得到圆满的解决。

可见，在气场交流中，只要你能及时弱化自身气场并善于换位思考，从对方角度出发来处理矛盾，那么很多表面上的敌人其实也可以

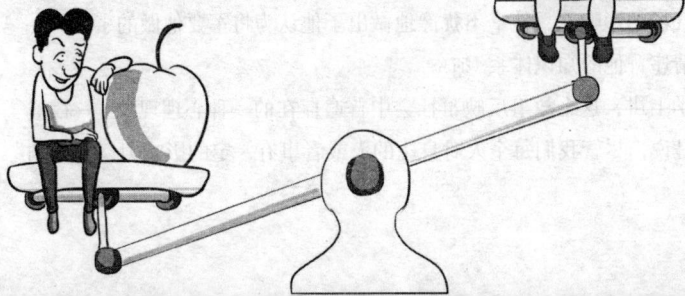

成为以后的朋友。无论是善意接触，还是恶意交锋，都是双方气场接触中的能量博弈，双赢是最好的结果。想要跳出长期恶意交锋，我们就需要先改善双方不断产生负面能量的情况。切实可行的方法就是先让自己减少负面能量的产生，友善地对待对方。

化敌为友，不仅仅消灭了敌人，也消灭了对抗。这与"不战而屈人之兵"都是巧妙地避免气场对决而取胜的做法。然而，化敌为友的策略起到的效果更好。因为，化敌为友不仅避开了无谓的对决，还为我们增添了新的朋友、新的助力。

借助权威效应取胜

在航空界，有一个现象叫"机长综合征"，说的是在很多事故中，机长犯的错误都十分明显，但副机长没有针对机长的错误采取任何行动，最终导致飞机坠毁。

某国空军将领乌托尔·恩特执行飞行任务，但他的副驾驶员在飞机起飞前病了，于是总部临时派了一名副驾驶员做替补。和这位传奇将军同飞，这名副驾驶员觉得非常荣幸。在起飞过程中，恩特哼起歌来，并把头一点一点地随着歌曲的节奏打拍子。副驾驶员以为恩特是要他把飞机升起来，虽然当时飞机还远远没有达到可以起飞的速度，但他还是把操纵杆推了上去。结果，飞机的腹部撞在地上，螺旋桨的一个叶片飞入恩特的背部，导致他终身瘫痪。

事后有人问副驾驶员："既然你知道飞机还不能起飞，为什么要把操纵杆推起来呢？"他回答道："我以为将军要我这么做。"

在这个案例中，将军的气场甚至压过了副驾驶员掌握的常识和专业知识，在将军气场的影响下，他毫不犹豫地做出了他认为将军要他做的事情——哪怕这件事情违背他的知识体系。

从心理学上讲，这个故事反映了社会中普遍存在的一种心理现象——权威效应。也就是说，尽管我们每个人对身边的人或者事有一定的影响力，但影响力大小不同。一般来说，权威人士容易对其他人产生更大的影响，因为他们强大的气场能够带来强大的操控力。

其实这一效应在营销中被广泛使用，许多广告都会找名人代言，目的就是利用名人的气场影响消费者的理性判断。一般来说，在某一个领域中越权威的人在这一方面的气场就越大，对人产生的影响力也越大。如果不在这个领域中，哪怕他的气场很强大，产生的影响力也是小的，正如恩特将军的气场能影响副驾驶员的判断，但很难影响厨师的判断。这就是为什么主打时尚牌的动感地带会请周杰伦代言，因为他在这一领域的气场十分强大。而某润喉药找来足球明星代言产生的效果就小得多，不是说卡卡或者罗纳尔迪尼奥的气场不够强大，而是他们在润喉这一领域的气场不够权威。

要想获得强大的操控力，你首先要让自己的气场权威起来，或者至少让它看起来权威。影响力培训大师罗伯特·西奥迪尼曾经做过一个实验：

一名研究人员让一个自称医生的人分别给22个护士打了一通一模一样的电话，让她们立刻给病人注射一种药。护士有许多正当的理由拒绝这一要求，因为使用这种药是不符合要求和规章的。实验结果却令人毛骨悚然：95%的护士毫不犹豫地到药房取了这种药，准备给患者注射！这就是权威所带来的操控力，仅仅是"医生"这样一个头衔所带来的气场，就轻而易举地让那些训练有素的护士放弃了自己应有的气场，想象一下，如果你仅仅是用你的权威气场让别人做一件相对无关紧要的事，比如，买你推销的东西，它的效果会有多好！

另一个令自己看上去有权威气场的东西是服饰。不知道你是否注意过，许多保健品和药物的广告里，广告演员都是穿着白大褂来告诉你他们的药物有多么神奇。他们甚至没有宣称自己是医生或者专家，仅仅一件白大褂就能带来超过普通广告的影响力，这就是气场的力量。权威的气场带来的操控力有时候能超出想象。

我们应该学会如何运用权威效应来塑造自身的气场，让自己看起来像个权威人物会在增强他人对我们的接受程度，我们也会更容易地取得胜利，走向成功。但是，在利用权威效应的同时，我们还需要注意的就是不能过于夸大自己的能力以及让自己扮得过于权威，这样有可能会引起他人的反感或者对抗。

沉默有时是最好的反抗

人与人之间交往的时候，不可避免地会出现气场摩擦的现象。产生这种现象的根本原因是双方气场无法融洽地交流，因为人们都习惯于从自己的方面、以自己的习惯去评价或者判断他人。这种看待问题角度的偏差就会造成敌意，比如，人们在生活中常常会被人误解和非议。

遇到这种情况的时候，有些人的气场就会不自觉地进入戒备状态，他会不断为自己辩解，以证明自己的清白。这种情况之下，我们要了解到他的气场能量是强大的而且急于发泄，我们如果配合他的气场步调，就会让气场之间的摩擦加剧。这时候，我们既不能压制也不能刺激对方，让对方在较为平和的环境下，将内心中的能量释放出来。

在白隐禅师所住的寺庙旁，有一对夫妇开了一家食品店，家里有一个漂亮的女儿，无意间，夫妇俩发现尚未出嫁的女儿竟然怀孕了。这种见不得人的事，使得她的父母震怒异常！在父母的一再逼问下，她终于吞吞吐吐地说出"白隐"两字。

她的父母怒不可遏地去找白隐理论，但这位大师不置可否，只若无其事地答道："就是这样吗？"孩子生下来后，就被送给白隐，此时，他的名誉虽已扫地，但他并不以为然，只是非常细心地照顾孩子——他向邻居乞求婴儿所需的奶水和其他用品，虽不免横遭白眼，或是冷嘲热讽，他总是泰然处之，仿佛他是受托抚养别人的孩子一样。

事隔一年后，这位没有结婚的妈妈，终于不忍心再欺瞒下去了，她老老实实地向父母吐露真情：孩子的生父是住在同一幢楼里的一位青年。

她的父母立即将她带到白隐那里，向他道歉，请他原谅，并将孩子带回。

白隐仍然是淡然如水，他只是在交回孩子的时候，轻声说道："就是这样吗？"仿佛不曾发生过什么事；即使有，也只像微风吹过

耳畔，霎时即逝！

很多时候，诽谤与流言并非我们所能够制止的，甚至可以这么说，有人的地方就有流言。"浊者自浊、清者自清"，时间会证明一切，不用过多的解释，心如止水的心境就是气场的强大威慑力，一切诽谤都会在它面前自动瓦解。正如美国总统林肯所说："如果证明我是对的，那么人家怎么说我都无关紧要；如果证明我是错的，那么即使花十倍的力气来说我是对的，也没有什么用。"

一天，一位不速之客突然闯入洛克菲勒的办公室，直奔他的写字台，并以拳头猛击台面，大发雷霆："洛克菲勒，我恨你！我有绝对的理由恨你！"接着那人恣意谩骂他达几分钟之久。办公室所有的职员都感到无比气愤，以为洛克菲勒一定会拾起墨水瓶向他掷去，或是吩咐保安人员将他赶出去。

但洛克菲勒没有采取任何过激的行动。他停下手中的活，和善地注视着这位攻击者，那人愈暴躁，他就显得愈和善！

那名无理取闹者被弄得莫名其妙，渐渐平静下来。因为一个人发怒时，不遭到反击，是坚持不了多久的。他是准备好了来此与洛克菲勒摊牌，并想好了洛克菲勒要怎样回击他，他再用想好的话去反驳。但是，洛克菲勒就是不开口，所以他也不知该如何是好了。

最后，他又在洛克菲勒的桌子上敲了几下，仍然得不到回应，只好索然无味地离去。而洛克菲勒就像根本没发生任何事一样，重新拿起笔，继续他的工作。

有句话叫作"解释便是掩饰"，这话不是没有道理。洛克菲勒用沉默的方法让对方冷却了愤怒。很多时候我们越是急于表现自己，就越是起到相反的效果。"以不变应万变"才是明智的做法。真正有智慧的人会"以守为攻"，在沉默中让对方的气场败下阵来。这一点，你也可以做得到。

大多数时候，我们都在与他人进行气场能量的交流。在很多时候，我们的气场可能会与对方产生冲突。时时刻刻地想着如何战胜对手是不明确的，因为这会让我们无谓地消耗气场能量。有些时候，"以守为攻"沉默地面对对方的气场进攻也会让我们获得气场对决很不错的结果。当然，我们也可以在对方消耗大量能量之后，一举战胜对手。

第七篇

把握心理，让事情更加顺利的策略

抓住对方的心理，把话说到点子上

要想让对方接受你的劝说，首先要了解对方的心理，再通过对方感觉不到的小小的压力渐渐地使他消除戒备心理，这是很奏效的。

与人交谈时，话题的展开如果能迎合对方的心理，就能以更加牢固的纽带来连接双方心理上的"齿轮"，增进彼此的情感交流。我们往往都认为，只要说得有理对方就一定能接受，但是，要使对方真正理解并能彻底接受，就应该将沟通渠道建立在这种理论对话下的心理上。

小吴大学毕业以后决心自谋职业。一次，他在一家报纸的广告里看到某公司征聘一位具有特殊才能和经验的专业人员。小吴没有盲目地去应聘，而是花费很多精力，广泛收集该公司经理的有关信息，详细了解这位经理的奋斗史。那天见面之后，小吴这样开口：

"我很愿意到贵公司工作，我觉得能在您手下做事，是最大的光荣。因为您是一位依靠奋斗取得事业成功的人物。我知道您28年前创办公司时，只有一张桌子、一位职员和一部电话机，经过您的艰苦奋斗，才有了今天的事业。您这种精神令我钦佩，我正是奔着这种精神才前来接受您的挑选的。"

所有事业有成的人，差不多都乐于回忆当年奋斗的经历，这位经理也不例外。小吴一下子就抓住了经理的心，这番话引起了经理的共鸣。因此，经理乘兴谈论起他自己的成功经历。小吴始终在旁洗耳恭听，以点头来表示钦佩。最后，经理向小吴很简单地问了一些情况，终于拍板："你就是我们所需要的人。"

要想把话说到点子上，就必须抓住对方的心理。如果不知对方心理所想所需，是无法说到点子上的。就像一个神枪手，如果蒙上他的眼睛，再让他去找一个目标，那么，他只能凭感觉去打，这是难以击中目标的。所以，与人说话时，必须要洞察、迎合对方的心理，才能说到点子上。

避免争论，绕过矛盾

卡耐基说："我们绝不可能对任何人——无论其智力的高低——用口头的争斗改变他的思想。"

一个过于争强好胜的人面临着两种选择：要么是暂时的、表演式的、口头的胜利；要么是他人对你的长期好感。很少有两者兼得的情况。而我们有些人总是喜欢与人舌战不休，与人拍桌打椅，争得面红耳赤，嗓音嘶哑，而最后的结果只有一个：徒劳无益。因为即使他争赢了，但这种表面的胜利实无大益；而且会损伤对方的自尊，影响对方的情绪。若是争输了，当然自己也不会觉得光彩。所以，最好的策略就是避免与人争论。

卡耐基在人际关系上也有过失误，第二次世界大战刚结束的某一天晚上，他在伦敦参加一场宴会。宴席中，坐在他右边的一位先生讲了一段幽默故事，并引用了一句名言。那位健谈的先生说，他所引用的那句话出自《圣经》。

"他错了，"卡耐基回忆说，"我很肯定地知道出处。为了表现优越感，我很多事，很讨厌地纠正他。"他立刻反唇相讥："什么？出自莎士比亚？不可能！绝对不可能！那句话出自《圣经》。"

我的老朋友法兰克·格孟坐在我左边。他研究莎士比亚的著作已有多年，于是我俩都同意向他请教。格孟听了，在桌下踢了我一下，然后说："戴尔，你错了，这位先生是对的。这句话出自《圣经》。"

那晚回家的路上，我对格孟说："法兰克，你明明知道那句话出自莎士比亚。""是的，当然，"他回答，"哈姆雷特第五幕第二场。可是亲爱的戴尔，我们是宴会上的客人。为什么要证明他错了？那样会使他喜欢你吗？为什么不给他面子？他并没问你的意见啊。他不需要你的意见。为什么要跟他抬杠？永远避免跟人家正面冲突。"

"永远避免跟人家正面冲突。"卡耐基谨记了这个教训。

小时候，卡耐基是个积重难返的杠子头，他和哥哥曾为天底下任何事物而抬杠。进入大学，他又选修逻辑学和辩论术，也经常参加辩论比赛。他曾一度想写一本这方面的书，他听过、看过、参加过，也批评过数千次的争论。这一切的结果，使他得到一个结论：天底下只有一种能在争论中获胜的方式，就是避免争论，要像躲避响尾蛇那样避免争论。

十之八九，争论的结果会使双方比以前更相信自己的正确性。你赢不了争论。要是输了，当然你就输了；如果赢了，还是输了。为什么？因为"一个人即使口服，但心里并不服"。

你不能辩论得胜。你不能，因为如果你辩论失败，那你当然失败了；如果你获胜了，你还是失败的。为什么？假定你胜过对方，将他的理由击得漏洞百出，并证明他是神经错乱，那又怎样？你觉得很好，但他怎样？你使他觉得脆弱无援，你伤了他的自尊，他要反对你的胜利。

波恩互助人寿保险公司为他们的推销员定了一个规则："不要辩论！"真正的推销术，不是辩论，也不要类似于辩论。人类的思想不是通过辩论就可以改变的。

可能有人会说，真理只有一个，如果牺牲自己的正确主张而去同意对方的主张，那不是牺牲真理而去服从谬误了吗？其实不然，我们当然要拥护真理，我们当然不可以牺牲真理去服从那些不合理的主张。然而，在某种场所，虽然表面上你是牺牲真理而去迁就对方，实际上真理并不会因此而动摇。

事实上，避免争论可以节省你的大量时间和精力，使你投入到完善你的观点和实践你的观点的工作中去。完全没有必要浪费太多的精力去干那种没有结果也毫无意义的事情。少去了面红耳赤的争论，只会使双方相互尊重，从而增进友谊，有利于思想交流和意见的交换。

通常，我们可以从以下几方面来避免与人争论：

1.欢迎不同的意见

当你与别人的意见始终不能统一的时候，这时就要求舍弃其中之一。人的脑力是有限的，有些方面不可能完全想到，因而别人的意见是从另外一个人的角度提出的，总有些可取之处，或者比自己的更好。这时你就应该冷静地思考，或两者互补，或择其善者。如果采取了别人的意见，就应该衷心感谢对方，因为有可能此意见使你避开了一个重大的错误，甚至奠定了你一生成功的基础。

2.不要相信直觉

每个人都不愿意听到与自己不同的声音。每当别人提出与你不同的意见时，你的第一个反应是要自卫，为自己的意见进行辩护并竭力地去寻找根据。这完全没有必要，这时你要平心静气地、公平、谨慎地对待两种观点（包括你自己的），并时刻提防你的直觉（自卫意识）对你做出正确抉择的影响。值得一提的是，有的人脾气不大好，听不得反对意见，一听见就会暴躁起来。这时就应控制你的脾气，让别人陈述自己的观点，不然，就未免气量太小了。

3.耐心把话听完

每次对方提出一个不同的观点，不能只听一点就开始发作。要让别人有说话的机会。这样一是尊重对方，二是让自己更多地了解对方的观点，好判断此观点是否可取，努力建立了解的桥梁，使双方都完全知道对方的意思，不要弄巧成拙；否则的话，只会增加彼此沟通的障碍和困难，加深双方的误解。

4.仔细考虑反对者的意见

在听完对方的话后，首先想的就是去找你同意的意见，看是否有相同之处。如果对方提出的观点是正确的，应放弃自己的观点，而考虑采取他们的意见。一味地坚持己见，只会使自己处于尴尬境地。因为照此下去，你只会做错。而到那时，给你提意见的人会对你说："早已给你说了，还那么固执，知道谁是对的了吧！"这时，自己怎么下台？所以为避免出现这种情况，最好是给对方一点时间，把问题考虑清楚，而不要诉诸争论。建议当天稍后或第二天再交换意见。这使双方都有时间，把所有事实都考虑进去，以找出最好的方案。

这时就应进行一下反思："反对者的意见，是完全对的，还是有部分是对的？他们的立场或理由是不是有道理？我的反应到底是有益于解决问题还是仅仅会减轻一些挫折感？我的反应会使我的反对者远离我还是亲近我？我的反应会不会提高别人对我的评价？我将会胜利还是失败？如果我胜利了，我将要付出什么样的代价？如果我不说话，不同的意见就会消失了吗？这个难题会不会是我的一次机会？"

5.真诚对待他人

如果对方的观点是正确的，就应该积极地采纳，

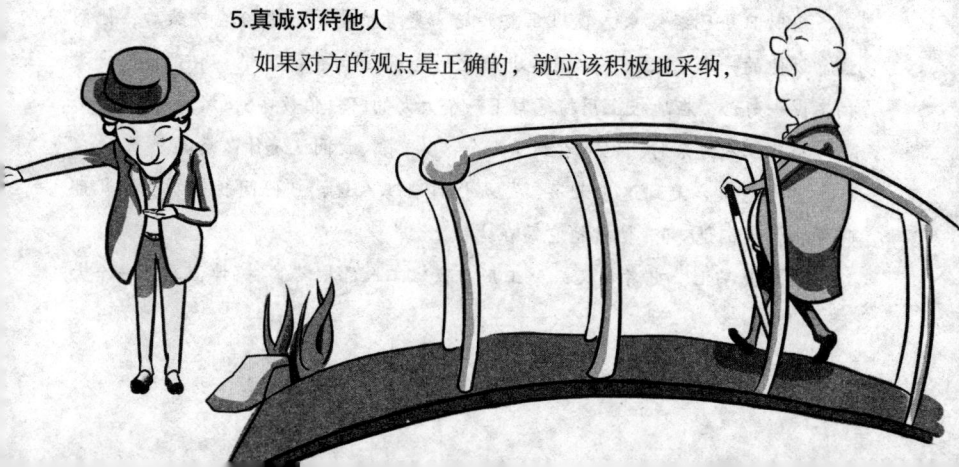

并主动指出自己观点的不足和错误的地方。这样做了，有助于解除反对者的武装，减少他们的防卫，同时也缓和了气氛。同时要明白，对方既然表达了不同的意见，表明他对这件事情与你一样的关心。因而不要把他们当作防卫的对象，不能因为提出了不同的意见就把他们当作"敌人"；反而应该感谢他们的关心和帮助。这样，本来也许是反对你的人也会变成你的朋友。

所以，你要说服对方，就请遵循说服的第一个原则：唯一能从争辩中获得好处的办法是避免争辩。

必要时刻，向对方适当提出挑战

对有些事情，当我们靠批评惩罚，或者表扬的手段解决不了的时候，我们可以考虑这样一种策略——给他人提出一种挑战，然后让他们自我面对。这也许比我们手拿鞭子紧随其后的效果要好得多。因为他们更清楚自己眼下的处境，更明白自己应该怎么去做。

史考伯曾说过："要使工作能圆满完成，就必须激起竞争，提出挑战，激起超越他人的欲望。"史考伯是这么说的，也是这么做的。

有一次，查尔斯·史考伯到下面一家工厂去，工厂经理来反映他的员工一直无法完成他们分内的工作。

他说："我向那些人说尽好话，我又发誓又诅咒，我也曾威胁要开除他们，但一点用也没有，还是无法达到预定的生产效率。"

当时日班已经结束，夜班正要开始。史考伯要了一根粉笔，然后，他问最靠近他的一名工人："你们这班今天制造了几部暖气机？""6部。"史考伯不说一句话，在地板上用粉笔写下一个大大的阿拉伯数字6，然后走开。

夜班工人进来时，他们看到了那个"6"字，就问这是什么意思。

"大老板今天到这儿来了，"那位日班工人说，"他问我们制造了几部暖气机，我们说6部。他就把它写在地板上。"

第二天早上，史考伯又来到工厂。夜班工人已把"6"擦掉，写上一个大大的"7"。

　　日班工人早上来上班时，看到了那个很大的"7"字。原来夜班工人认为他们比日班工人强，是吗？好吧，他们要向夜班工人还以颜色。他们努力地加紧工作，那晚他们下班时，留下一个颇具威胁性的"10"字。情况显然逐渐好转。

　　不久，这家产量一直落后的工厂，终于比其他工厂生产得更多。

　　足见，史考伯将"向对方适当提出挑战"的策略运用得如此恰到好处。其实，这招在政治领域同样适用。如果没有人向他提出挑战，西奥多·罗斯福可能就不会成为美国总统。

　　当时，这位义勇骑兵队的一员刚从古巴回来，就被推举出来竞选纽约州州长。结果，反对党发现他不是该州的合法居民，罗斯福吓坏了，想退出。但这时，托马斯·科力尔·普列特提出挑战。他突然转身面对罗斯福，大声喊道："圣璜山的这位英雄，难道只是一名懦夫？"罗斯福在这一激将之下继续奋斗下去，其余的事情就已成历史了。一个挑战不只改变了他的一生，而且也影响了一个国家的命运。

　　挑战的巨大力量，这个道理史密斯也知道。

　　当史密斯担任纽约州州长时，就遇到过这样一个问题。"猩猩监狱"是一个臭名昭著的监狱，没有狱长，许多黑幕及丑恶的谣言在狱中汹涌传出。史密斯需要一位强有力的铁一般强硬的人去治理这个监狱，他召来了劳斯。

　　"去照顾'猩猩'如何？"当劳斯在他面前的时候，他愉快地说，"他们那里需要一个有经验的人。"

　　劳斯窘了，他知道"猩猩监狱"的危险，那是一个不讨好的差使。受政治变化的影响，狱长一再更换，有一位任职只有3个星期，他在考虑他的终身事业。那值得他冒险吗？

　　史密斯看出了他的犹豫，往后一倚，微笑着说："青年人，我不怪你害怕，那不是一个太平的地方，那里确实需要一个大人物去治理。"

　　正是史密斯提出了这样一个挑战，劳斯喜欢尝试需要一个大人物的工作的意念，所以他去了，并成为在那儿任职最久的、最著名的狱长。他所著的《在"猩猩"的两年里》售出了几十万册。他曾应邀在电台讲话，他在猩猩生活的故事被拍成了数十部电影。他给罪犯"人道化"的做法造成了许多监狱改革的奇事。

那是任何成功者都喜爱的一种竞技，一种表现自己的机会；那是证明自身价值、争强斗胜的机会。正如卡耐基所说的那样："光用薪水是留不住好员工的。还要靠工作本身的竞争……"每个成功的人都喜爱竞争和自我表现的机会，以证明他自己的价值。

所以，如果你要使有精神、有勇气的人接受你的想法，就请记住这个说服的重要原则——提出挑战。

用商量的口吻向对方提建议，柔中取胜

任何人都是有自尊、讲面子的，所以，在说服他人的过程中，多用与他商量的口气给他提建议，少下命令，这样不但能避免伤害别人的自尊，而且会使他们觉得你平易近人，进而乐于接受你的建议，与你友好地合作。

张先生在工商界是赫赫有名的，他很懂得这个道理。据说他从不用命令式的口吻去说服别人，他要别人遵照他的意思去工作时，总是用商量的口气去说。譬如有人会说："我叫你这么做，你就这么做。"他从不这么说，而是用商量的口气说："你看这样做好不好呢？"假如他要秘书写一封信，他把大意和要点讲了之后，再问一下秘书："你看这样写是不是妥当？"等秘书写好请他过目，他看后觉得还有要修改的地方，又会说："如果这样写，你看是不是更好一些？"他虽然处于发号施令的地位，可是却懂得别人是不爱听命令的，所以不用命令的口气。

　　张先生的这种做法，使得每个人都愿意和他相处，并乐于按他的意愿做事。所以，当我们要说服某个人时，最好也多用建议的口吻。

　　肖恩是一所职业学校的老师，他有一个学生因故迟到了，肖恩以非常严厉的口吻问道："你怎么能浪费大家的时间？不知道大家都在等你吗？"

　　当学生回答时，他又吼道："你回去吧，既然不想听我的课，以后也不用来了。"

　　这位学生是错了，不应该不先打个招呼，耽误了其他同学上课。但从那天起，不只这位学生对肖恩的举止感到不满，全班的学生都与他过不去。

　　他原本完全可以用不同的方式处理这件事，假如他友善地问："你有什么事情要处理吗？问题解决了吗？"并说，"如果你这样有事情不事先通知，大家的课程也都耽误了"。这位学生一定很乐意接受，而且其他的同学也不会那么生气了。

　　所以，要说服他人最好别用命令的口吻，不然，不但达不到你想要的说服效果，还可能使事情越弄越糟。多使用建议的口吻，通过这种方法，人们便会很愿意改正他们的错误，而且维持了对方的自尊，使他们认为自己很重要，并配合你的工作，而不是反抗你。

巧妙提问，让对方只能答"是"

　　在说服他人赞同自己的过程中，巧妙提问也是实现目的的一种重要手段。卡耐基就曾经举了一个有趣的例子。

　　假设有两人在一间屋子里。你站在或坐在房间的里端，而他在房间的外端。你希望他从房间的外端走到房间的里端。

　　不妨来做这个游戏。在游戏中，你问他问题。每次你问他一个问题，如果他答"是"，他就向房间的里端迈进一步。如果每次你问问题，而他回答"不是"，他就向外退一步。

　　如果你想让他从房间的外端走到房间的里端，你最好的策略是不断地问他一系列他只能回答"是"的问题。你必须避免提出可能导致他回答"不是"的问题。

　　通过使用"只能回答'是'"的问题，你就可以轻而易举地做到这一点。一些封闭性问题，人们对它们的回答99.9%是肯定的。你让某人越多地对你说"是"，这个人就越可能习惯性地顺从你的要求。

比如，回想一位你经常同意其意见的朋友，你往往已经习惯于做肯定的表示。因此当这个人想劝说你做某事时，即使他还没有完全讲完他的请求，你往往已经决定这么去做。

你肯定也认识你通常不同意其意见的人。此人的特点是经常听到你说"不"。当这个人开始要求你做某事时，你就会同多数人一样，在他还没有讲完他的请求之前，你就已经在琢磨用来由来说"不"，以便拒绝他的请求。

这些相近的倾向说明，让你想说服的人形成对你说"是"的习惯是多么的重要。反过来也是如此。如果一个人已经习惯性地对你说"不"，不同意你的看法，你想成功地说服他的可能性几乎为零。

提出"只能回答'是'"的问题有个好办法，就是问你知道那个人会做肯定回答的事情。如果你愿意的话，你可以在问话里加上以下词语，如：

"是这样吧？"

"对吧？"

"你会同意吧？"

一位推销员问一位可能的买主："你想买这件设备的关键是其费用，是吧？"价格无疑是关键的。因此，这样的问题肯定会带来"是"的回答。或许就这样开始了让可能的买主对推销员养成做肯定回答的习惯。

换句话说，这位推销员可以问一位可能的顾客："设备的价格对你来说很重要吧？"这也是一个封闭型"只能回答'是'"的问题。对这样一个问题，几乎人人都会回答"是"。

当一位雇员想提醒同伴开始进行一个项目时，这位雇员可能提出这样"只能回答'是'"的问题，"我们需要尽快完成这个项目，是吧"？这里，一个明确的声明"我们需要尽快完成这个项目"跟着一个"只能回答'是'"的问题"是吧？"它要求得到一个"是"的回答。

这种"只能回答'是'"的问题已被反复证明是非常有用的。

让对方觉得那是他的主意

　　你是否对自己的想法比别人给你提供的想法更有信心？如果是的，那你为何要将自己的意见强加于人呢？因为如果你的意见确实正确，事实终会证明这一点；如果你的意见不对，你非得强加于人，别人要么不大愿意接受；要么接受后对自己产生不利的后果，那你的意见不成了一种罪过吗？所以我们何不采取一种更好的策略：只向他人提供自己的看法，而由他最后得出结论！

　　没有人喜欢被迫购买或遵照命令行事。如果你想赢得他人的合作，就要征询他的愿望、需要及想法，让他觉得是出于自愿。

　　费城的亚道夫·塞兹先生，突然发现他必须给一群沮丧、散漫的汽车推销员灌输热忱。他召开了一次销售会议，要求这些推销员，把他们希望从他身上得到的个性都告诉他。在他们说出来的同时，他把他们的想法写在黑板上。然后，他说："我会把你们要求我的这些个性，全部给你们。现在，我要你们告诉我，我有什么权利从你们那儿得到东西。"回答来得既快又迅速：忠实、诚实、进取、乐观、团结，每天热情地工作8小时。有一个人甚至自愿每天工作14个小时。会议之后，销售量上升得十分可观。

　　塞兹先生说："只要我遵守我的条约，他们也就决定遵守他们的。向他们探询他们的希望和愿望，就等于给他们的手臂打了他们最需要的一针。"

　　同样，美国陆军上校爱德华·荷斯的例子，用在此处，也是很好的证明。

　　陆军上校爱德华·荷斯，曾在威尔逊总统时期，在许多重要事件上发挥相当的影响力。威尔逊十分倚重荷斯的见解，其重要性有时比其他阁员更有过之而无不及。

　　荷斯是用什么方法去影响威尔逊总统呢？他后来曾透露过这个秘密，那是经由亚瑟·史密斯在《星期六邮报》上发表出来的：

　　"'我比较了解总统的脾气个性之后，就比较知道该如何改变他的想法。'荷斯说道：'要想改变威尔逊总统的观念，最好是在无意间把一个观念深植在他脑海里。当然，这不但要先引起他的兴趣，而且要不违背他的利益。我也是在无意间发现这个方法。因为有一次我在白宫同他讨论一个政策，他本来相当反对我的看法，但几天之后，在一个晚宴上，他却向别人提出我的意见，只是那时已变成他的看法。'"

荷斯是个聪明人，不在乎由谁来表达那个意见。荷斯要的是结果，所以，他便让威尔逊觉得那是他自己的看法，甚至连众人也觉得如此。

让我们再次记住：我们所碰到的许多人，都具有像威尔逊一样的人性。所以，让我们也采用荷斯上校的做法吧！

一次，卡耐基正计划前往加拿大的纽布伦克省去钓鱼划船，便写信给观光局索取资料。一时间，大量信件和印刷品向他寄来，不知该如何选择。后来，加拿大有个聪明的营地主人寄来一封信，内附许多姓名和电话号码，都是曾经去过他们营地的纽约人。并希望卡耐基打电话询问这些人，便可详细明了他们营地所提供的服务。

卡耐基在名单上发现了一个朋友的名字，便打电话给那位朋友，询问种种事宜。最后，又打了个电话通知营地主人他到达的日期。

卡耐基说："有许多人想尽办法向我推销他们的服务，但有一个却让我推销了我自己。那个营地主人赢了。"

确实如此，没有人喜欢他是被强迫购买或遵照命令行事。我们宁愿出于自愿购买东西，或是按照我们自己的想法来做事。我们很高兴有人来探询我们的愿望、我们的需要，以及我们的想法。

众所周知，西奥多·罗斯福在担任纽约州州长的时候，他一方面和政治领袖们保持良好的关系，另一方面又强迫他们进行一些他们十分不高兴的改革。很多人都不解，他究竟是怎么做到的呢？看完下面的内容，相信你会找到答案的。

当某一个重要职位空缺时，他就邀请所有的政治领袖推荐接任人选。"起初，"罗斯福说，"他们也许会提议一个很差劲的党棍，就是那种需要'照顾'的人。我就告诉他们，任命这样一个人不是好政策，大家也不会赞成。"

"然后他们又把另一个党棍的名字提供给我，这一次是个老公务员，他只求一切平安，少有建树。我告诉他们，这个人无法达到大众的期望。接着我又请求他们，看看他们是否能找到一个显然很适合这一职位的人选。他们第三次建议的人选，差不多可以，但还不太好。接着，我谢谢他们，请求他们再试一次，而他们第四次所推举的人就可以接受了，于是他们就提名一个我自己也会挑选的最佳人选。我对他们的协助表示感激，接着就任命那个人，还把这项任命归功于他们。"

记住，罗斯福尽可能地向其他人请教，他让那些政治领袖们觉得，他们选出了适当的人选，完全是他们自己的主意。无独有偶，发生在皮尔医师身上的一个例子也正好说明了这一点。

皮尔医师在纽约布鲁克林区的一家大医院工作，医院需要新添一套X光设备，许多厂商听到这一消息，纷纷前来介绍自己的产品，负责X光部门的皮尔医师因而不胜其扰。

但是，有一家制造厂商则采用了一种很高明的技巧。他们写来一封信，内容如下：

我们的工厂最近完成了一套新型的X光设备。这批机器的第一部分刚刚运到我们的办公室来。它们并非十全十美，你知道，我们想改进它们。因此，如果你能抽空来看看它们并提出你的宝贵意见，使它们能改进得对你们这一行业有更多的帮助，那我们将深为感激。我知道你十分忙碌，我会在你指定的任何时候，派我的车子去接你。

"接到信真使我感到惊讶。"皮尔医师说道，"以前从没有厂商询问过他人的意见，所以这封信让我感到了自己的重要性。那一星期，我每晚都忙得很，但还是取消了一个约会，腾出时间去看了看那套设备，最后我发现，我愈研究就愈喜欢那套机器了。没有人向我兜售，而是我自己向医院建议买下那整套设备。"

被尊为圣人的老子曾说过：江海所以能为百谷王者，以其善下，故能为百谷王。是以欲上民，必以言下之；欲先民，必以身后之。是以圣人处上而民不重，处前而民不害。

所以，如果你要说服别人，你应该遵守说服的又一大原则：让别人觉得那是他们的主意。

第八篇

给人台阶，保护他人面子的策略

心领神会，替别人遮掩难言之隐

生活中，我们经常会遇到这样一些人，他们有一些难以启齿的想法，或者是为自己做了一件不光彩的事情而悔恨，或者是因为寻求帮助而不得，这个时候，你就要做一个善解人意的人，看透了他人的这些想法，也不要说出来，或者以一种很巧妙的方式帮他们遮掩过去也不枉是一种明智之举。

郑武公的夫人武姜生有两个儿子，长子是难产而生，取名为寤生，相貌丑陋，武姜心中深为厌恶；次子名叫段，成人后气宇轩昂，仪表堂堂，武姜十分疼爱。武公在世时武姜多次劝他废长立幼，立段为太子，武公怕引起内乱，就是不答应。

郑武公死后，寤生继位为国君，是为郑庄公。封弟段于京邑，国中称为太叔段。这个太叔段在母亲的怂恿下，竟然率兵叛乱，想夺位。但很快被老谋深算的庄公击败，逃奔共国。庄公把合谋叛乱的生身母亲武姜押送到一个名叫城颍的地方囚禁了起来，并发誓说："不到黄泉，母子永不相见！"意思就是要囚禁他母亲一辈子。

一年之后，郑庄公渐生悔意，感觉自己待母亲未免太残酷了点，但又碍于誓言，难以改口。这时有一个名叫颍考叔的官员摸透了庄公的心思，便带了一些野味以贡献为名晋见庄公。

庄公赐其共进午餐，他有意把肉都留了下来，说是要带回去孝敬自己的母亲："小人之母，常吃小人做的饭菜，但从来没有尝过国君桌上的饭菜，小人要把这些肉食带回去，让她老人家高兴高兴。"

庄公听后长叹一声，道："你有母亲可以孝敬，寡人虽贵为一国之君，却偏偏难尽一份孝心！"颍考叔明知故问："主公何出此言？"庄公便原原本本地

将发生的事情讲了一遍，并说自己常常思念母亲，但碍于有誓言在先，无法改变。颍考叔哈哈一笑说："这有什么难处呢！只要掘地见水，在地道中相会，不就是誓言中所说的黄泉见母吗？"庄公大喜，便掘地见水，与母亲相会于地道之中。母子两人皆喜极而泣，即兴高歌，儿子唱道："大隧之中，其乐也融融！"母亲相和道："大隧之外，其乐也泄泄！"颍考叔因为善于领会庄公的意图，被郑庄公封为大夫。

每个人都有难言之隐，包括平时那些高高在上的人。这时，作为一个旁观者要善于心领神会，替人遮掩难言之隐。这也不失为一种高明的做人之道。

发生冲突时学会给人面子

在与人发生冲突时不说绝话，能体现一个人宽容大度的高尚品格。在正常情况下，人们的度量大小是很难表现出来的。而当与别人发生了冲突，使你难以容忍的时候，能否容人，就能表现得一清二楚了。这时只有那些思想品格高尚的人，才会保持头脑清醒，做出宽容的姿态，不把话说绝，避免两颗本已受伤的心再受到进一步的伤害。

事实上，发生冲突后，双方肯定谁心里都不痛快，很容易失态，口出恶言，把话说绝了。这样的痛快只能是一时的，受伤害的是双方长远的关系和自己的声誉。所以，即使有了再大的矛盾，我们也应该把握住一点，就是不把话说绝，给对方，也给自己一个台阶下。

一位顾客在商场里买了一件外衣之后，要求退货。衣服她已经穿过一次并且洗过，可她坚持说"绝对没穿过"，要求退货。

售货员检查了外衣，发现有明显的干洗过的痕迹。但是，直截了当地向顾客说明这一点，顾客是绝不会轻易承认的，因为她已经说过"绝对没穿过"，而且精心地伪装过。于是，售货员说："我很想知道是否你们家的某个人把这件衣服错送到干洗店去过，我记得不久前在我身上也发生过同样的事情。我把一件刚买的衣服和其他衣服堆在一块，结果我丈夫没注意，把这件新衣服和一堆脏衣服一股脑地塞进了洗衣机。我觉得可能你也会遇到这种事情，因为这件衣服的确看得出洗过的痕迹。您不信的话，咱们可以跟其他衣服比一比。"

顾客心虚，知道无可辩驳，而售货员又为她的错误准备了借口，给了她一个台阶下。于是，她顺水推舟，乖乖地收起衣服走了。

有的人会说："发生矛盾，我就打算和他绝交了，把话说绝了又怎么样？"真是这样吗？要知道，暂时分手并不等于绝交。友好分手还会为日后可能出现的和好埋下伏笔。有时朋友间分手绝交并非是彼此感情的彻底决裂，而是因一时误会造成的。如果大家采取友好分手的方式，不把话说绝，那么，有朝一日误会解除了，很可能重归于好，使友谊的种子重新绽放出绚丽的花朵。在这方面不乏其例。

17世纪初，丹麦天文学家弟谷·布拉赫和德国的天文学家开普勒共同研究天文学，两个人建立了亲密的友谊。后来，由于开普勒受妻子的教唆，丢下研究课题，离开了弟谷。然而弟谷并没有因此而指责开普勒，还宽大为怀，写信做解释。不久，开普勒终于明白自己误听了谗言，十分惭愧，写信向弟谷道歉，并回到已病重的弟谷身边。两个人言归于好，再度合作，终于出版了《鲁道夫星表》，使他们的名字得以载入科学史册。

从这个事例可以看出，他们之所以能恢复友谊并共同做出成就，是与当时采取友好分手方式有直接关系的。所以说，不把话说绝实在是一种交际美德，值得提倡。

有的人不明白这个道理，他们一和别人发生冲突就取下策而用之，漫骂指责，与人反目为仇，把话说得很绝以解心头之恨。这样做痛快倒是痛快，但他们没有想到，在把别人骂得狗血喷头的同时，也就暴露了自己人格上的缺陷。人们会从这样的情景中看到，他对别人居然如此刻薄，如此不留情面，翻脸不认人，从而会离他远远的，以免惹"祸"上身。

遭遇尴尬，要给他人台阶下

在别人遭遇窘境的时候，交际高手不但会尽量避免因自己的不慎而使别人下不了台，而且还会在对方可能不好下台时，巧妙及时地为其提供一个"台阶"。这是因为他们在帮助别人"下台"时，掌握了恰当的方法。

1.顺势而为送台阶

依据当时当场的势态，对对方的尴尬之举加以巧妙解释，使原本只有消极意味的事件转而具有积极的含义。

全校语文老师来听王老师讲课，校长也亲临指导。课上，王老师重点讲解了词的感情色彩问题。在提问了两位同学取得良好效果后，接着提问校长的儿子："请你说出一个形容×××的美丽的词或句子。"

或许是课堂气氛紧张，或许是严父在场，也可能兼而有之，校长的儿子一时语塞，只是站着。

空气凝固。校长的脸上现出了尴尬的脸色。王老师便随机应变地讲道："好，请你坐下，同学们，这位同学的答案是最完美的，他的意思是说这个人的美丽是无法用文字和语言来形容的。"听课者都发出了会心的微笑。

这一妙解为校长儿子尴尬的"呆立"赋予了积极的意义，使他顺利下了台阶，而王老师本人和校长也自然摆脱了难堪。

2.挥洒感情造台阶

故意以严肃的态度面对对方的尴尬举动，消除其中的可笑意味，缓解对方的紧张心理。

第二次世界大战时，一位德高望重的英国将军举办了一场祝捷酒会。

除上层人士之外，将军还特意邀请了一批作战勇敢的士兵，酒会自然是热烈隆重。谁想一位从乡下入伍的士兵不懂酒席上的一些规矩，捧着面前的一碗供洗手用的水喝了，顿时引来达官贵人、夫人、小姐的一片讥笑声。那士兵一下子面红耳赤，无地自容。此时，将军慢慢地站起来，端起自己面前的那碗洗手水，面向全场贵宾，充满激情地说道："我提议，为我们这些英勇杀敌、拼死为国的士兵们干了这一碗。"言罢，一饮而尽，全场为之肃然，少顷，人人均仰脖而干。此时，士兵们已是泪流满面。

在这个故事里，将军为了帮助自己的士兵摆脱窘境，恢复酒会的气氛，采用了将可笑事件严肃化的办法，不但不讥笑士兵的尴尬举动，而且将该举动定性为向杀敌英雄致敬的严肃行为。乡下士兵不但尴尬一扫而尽，而且获得了莫大的荣誉，成为在场的焦点人物。

总之，人人都有下不来台的时候。学会给人台阶下，既可以缓解紧张难堪的气氛，使事情得以正常进行，又能够帮助尴尬者挽回面子，增进彼此的关系。要达到这样的目的，我们应学会使用以上技巧。

打圆场要让双方都满意

在别人发生矛盾争论的时候，夹在中间是比较尴尬的。作为争论的局外人，我们应当善于打圆场，让矛盾得到及时化解。但是在打圆场的时候，一定要注意一个问题，就是要不偏不倚，让双方都认为你没有偏向，都表示满意。否则，只能是火上浇油，还不如不说。

一名中年男子在一个生意红火的面摊等了半天才有了位置，要了一份自己常吃的面。一会儿面端了上来，男子伸嘴想先尝一口汤。可能汤的味道刺激了他的呼吸道，随着"啊嚏"一声，他的唾液和着面汤喷在了对面一位顾客身上和面碗里。那位顾客愣了一下才反应过来，"唰"地站起来吼道："你怎么乱打喷嚏！"

中年男子也被自己的不雅之举惊呆了，赔过礼后缓过神来，对老板脱口而出一个建议："我告诉你不要辣椒的，你的面里怎么会有辣椒味道？你赔我的面钱，我赔人家的面钱。"老板问伙计。伙计也很委屈，他明明没有放辣椒的。

结果顾客、老板还有围观群众七嘴八舌，说得不亦乐乎。最后老板感觉这样下去不是个事，就主动打圆场，对着厨房间大手一挥，说："算啦，再下两碗面，钞票全免了，只要大家不翻脸，和气生财嘛！"

两位顾客这才平静下来，都表示可以接受。从此他们和老板之间成了好朋友。

可见，适时的打圆场，作用可真的是非同一般。

清末的陈树屏口才极好，善解纷争。他在江夏当知县时，张之洞在湖北任督抚，谭继洵任抚军，张谭两人素来不和。一天，陈树屏宴请张之洞、谭继洵等人。当座中谈到长江江面宽窄时，谭继洵说江面宽是五里三分，张之洞却说江面宽是七里三分。双方争得面红耳赤，本来轻松的宴会一下子变得异常尴尬。

陈树屏知道两位上司是借题发挥，故意争闹。为了不使宴会大煞风景，更为了不得罪两位上司，他说："江面水涨就宽到七里三分，而落潮时便是五里三分。张督抚是指涨潮而言，而谭抚军是指落潮而言，两位大人都说得对。"

陈树屏巧妙地将江宽分解为两种情况，一宽一窄，让张谭两人的观点在各自的方面都显得正确。张谭两人听了下属这么高明的圆场话，也不好意思争下去了。

有时候，争执双方的观点明显不一致，而且也不能"和稀泥"。这时，如果你能把双方的分歧点分解为事物的两个方面，让分歧在各自的方面都显得正确，这必定是一个上乘的好办法。

某学校举办教职员工文艺比赛，教师和员工分成两组，根据所造的道具自行编排和表演节目，然后进行评比。表演结束后，没等主持人发话，坐在下面的人就已经分成两派，教师说教师的好，员工说员工的好，各不相让。

眼看活动要陷入僵局，主持人灵机一动，对大家说："到底哪个组能夺第一，我看应该具体情况具体分析。教师组富有创意，激情四溢，应该得创作奖；员工组富有朝气，精神饱满，应该得表演奖。"随后宣布两个组都获得了第一名。

这位主持人心里明白，文艺比赛的目的不在于决出胜负，而在于丰富大家的娱乐生活，加强教职员工的交流，如果为了名次而闹翻，实在得不偿失。于是，在双方出现矛盾的时候，主持人没有参与评论孰优孰劣，而是强调双方的特色并分别予以肯定。最后提出解决争议的建议，问题自然就解决了。

在与人交往的过程中，有些场合下，双方因为彼此不同意对方的观点而争执不休时，作为圆场的人就应该理解双方的心情，找出各方的差异并对各自的优势都予以肯定，这在一定程度上能满足双方自我实现的心理。这时再提出建议，双方就容易接受了。

诙谐地对待他人的错，也让自己过得去

不知道你是否发现，大度诙谐更多时候比横眉冷对更有助于问题的解决，对他人的小过以诙谐的方法对待，实际上就是一种糊涂处世的态度。

20世纪50年代，台湾的许多商人知道于右任是著名的书法家，于是他们纷纷在自己的公司、店铺、饭店门口挂起了署名于右任的招牌，以示招徕。其中确为于右任所题的极少，半真半假的居多，完全假的也时有所见。

一天，于右任的一个学生急匆匆地来见老师，说："老师，我今天中午去一家平时常去的羊肉泡馍馆吃饭，想不到他们居然也挂起了以您的名义题写的招牌。青天白日，明目张胆地欺世盗名，您老说可气不可气！"正在练习书法的于右任"哦"了一声，放下毛笔然后缓缓地问："他们这块招牌上的字写得好不好？"

"好个啥子哟！"学生叫苦道，"也不知道他们在哪儿找了个书生写的，字写得歪歪斜斜，难看死了。下面还签上老师您的大名，连我看着都觉得害臊！"

"这可不行！"于右任沉思道。

"我去把那幅字摘下来！"学生说完，转身要走，但被于右任喊住了。

"慢着，你等等。"

于右任顺手从书案旁拿过一张宣纸，拎起毛笔，刷刷刷在纸上写下些什么，然后交给恭候在一旁的学生，说："你去把这幅字交给店老板。"

学生接过宣纸一看，不由得呆住了。只见纸上写着笔墨流畅、龙飞凤舞的几个大字，"羊肉泡馍馆"，落款处则是"于右任题"几个小字，并盖了一方私章。整个书法，可称漂亮之至。

"老师，您这……"此学生大惑不解。

"哈哈。"于右任抚着长髯笑道，"你刚才不是说，那块假招牌的字实在是惨不忍睹吗？我不能砸了自己的招牌，坏了自己的名声！所以，帮忙帮到底，还是麻烦你跑一趟，把那块假的给换下来，如何？"

"啊，我明白了，学生遵命。"转怒为喜的学生拿着于右任的题字匆匆去了。这样，这家羊肉泡馍馆的店主竟以一块假招牌换来了大书法家于右任的真墨宝，喜出望外之余，未免有惭愧之意。

面对矛盾，一般最直接的做法就是用强去争，争来争去，互不相让，结果就不那么妙了。实际上，在聪明人看来，低头不单是缓和矛盾，也能化解矛盾，强争只有在极端的情况下才能解决矛盾，而在多数情况下只能激化矛盾。在很多事情上，糊涂一点，包容一些，不但自己过得去，别人也会过得去，产生矛盾的基础不复存在，矛盾自然就化解了。彼此能够相安，岂不更好？

在交际中，我们在争取拥有的同时，也要懂得适时糊涂，适当地包容。有时候看似糊涂的做法，诙谐对待他人的错，不仅是让别人过得去，往往也是让自己过得去。

第九篇

人情世事，礼尚往来
稳固自身社会地位

结交"实力人物"的身边人

　　想要与人结交的话，一定要记住史坦芬·艾勒的一句话："把鲜花送给'实力人物'身边的人，即使他们看起来只是你心目中的小角色。"哪怕他们只是一个小小的秘书、一位家庭主妇，甚至是尚未成年的小孩子，也不要放过结交和讨好他们的机会。有了情意和信任，自然会带来效益：说不定，这些"小角色"会在某个关键时刻影响你的前程和命运。

　　古往今来，与大人物见面的机会都是很难得的，但是，他们的朋友、亲属或工作中的助手，都是你走向成功的天然阶梯。

　　如果他们能帮你在"实力人物"耳边说上几句好话，那真是很珍贵的。当你结识了某位"实力人物"的身边人后，就一定要把握住他，用尽方法得到他的支持。

　　麦凯小时候，他的父亲就教育他说："麦凯，如果你想成功，从现在开始，你要关心自己所见到的每一个人。"从那以后，麦凯见到的每一个人，他都很关心——先把名字记下来，然后再了解他的其他情况。到了对方的生日，他会送上祝福的卡片，到了对方过结婚纪念日，他就送去一束玫瑰以表心意。后来，他为此设计了一个系统，叫作"麦凯66档案"，表示每个人有66个空格的问题，可以记录包括姓名、性别、年龄、生日、星座、血型、嗜好、学历等各种信息，甚至包括他的孩子和爱人的相关信息……

　　有一次，麦凯去拜访一个大企业的老板，希望说服这位老板来买他的产品。可是不管麦凯怎么说，这个老板都不肯买。麦凯还在他的66档案上更新了记录，并且不断地和这个老板保持联系。有一天，他得知这个老板去了医院，原来是老板的儿子出了车祸。他马上翻开档案，一看老板的儿子2岁，崇拜篮球明星迈

克·乔丹。

麦凯的人缘颇好，他正好认识迈克·乔丹所在的公牛队的教练，麦凯买了一个篮球，寄给公牛队的教练，并拜托他请乔丹和全体球员签了名。公牛队的教练将签好名的篮球寄给了麦凯。麦凯把篮球送到了医院里，小男孩一看篮球上有乔丹的签名，兴奋得睡不着觉。

老板来看他的儿子时，儿子正高兴地抱着球坐在那里。老板问道：

"儿子，你怎么不睡觉？"

他说："爸，你看这是什么？"

老板一看就问："这是乔丹的签名篮球，你怎么会有？"

"是麦凯叔叔送我的！"他兴奋地答道。

老板一听，说道："麦凯，就是想卖给我产品的那个人吧？我一直都没有买过他的产品啊。"

这时，儿子说了这么一句话："你应该买麦凯叔叔的产品，他这么关心我，你也应该关心他才对啊！"

第二天，老板就找到了麦凯，专门向麦凯道谢，并向麦凯订购了大量的产品。

麦凯的工作是销售产品，然而谁能想到，他通过卖产品，结交到了美国政界、新闻界、体育界的知名人物，还能让他们对他产生一种佩服的感觉。要知道，有些人并不是心甘情愿地为你做贵人的，这就要想办法，让他行也得行，不行也得行。麦凯是个聪明人，很会想办法，他先从"实力人物"的身边人入手，使宝贝儿子能在父亲大人面前美言，疼爱儿子的爸爸自然就成了他的贵人。

要想从贵人的身边人入手，最基础的工作当然就是掌握他们的社会关系。现代媒体经常关注一些"实力人物"的情况，你从中定会了解一二。你可以从他的历史上认识他的过去，他的经历，甚至他的祖辈、父辈，然后从他的亲属、他的朋友、他的子女等"小角色"入手，取得他们的信任与支持。那么，"实力人物"帮你呼风唤雨，甘当你贵人的日子将指日可待。

现在的社会，并不是每个人都能结交上权贵，即使有幸结交，也不见得能得到他们的"贵人相助"。然而，结交那些"实力人物"的身边人并没有太大的难度，得到了他们的信任，就相当于接近了"实力人物"，他们总会在某个时机为你卖力，为你进上美言。所以，在交际应酬过程中，千万不能忽视权势的"身边人"。

关键时刻拉人一把，悄悄地把人情送出去

"患难之交才是真朋友"，这话大家都不陌生。人的一生不可能一帆风顺，难免会碰到失利受挫或面临困境的情况，这时候最需要的就是别人的帮助。一旦这个时候你伸手相助，便将让对方记忆一生，日后对方会对你加倍报答。所以，关键时刻拉别人一把，等于为自己的人情账户存入一笔巨款。

德皇威廉一世在第一次世界大战结束时，众叛亲离。他只好逃到荷兰，许多人对他恨之入骨。这时候，有个小男孩写了一封简短但流露真情的信，表达他对德皇的敬仰。这个小男孩在信中说，不管别人怎么想，他将永远尊敬威廉一世为皇帝。德皇深深地为这封信所感动，于是邀请他到皇宫来。这个男孩接受了邀请，由他母亲带着一同前往，他的母亲后来嫁给了德皇。

人情储蓄，不仅仅是在欢歌笑语中和睦相处，更是要在困难挫折中互相提携。有的人在无忧无虑的日常生活中，还能够和朋友嘻嘻哈哈地相处，一旦朋友遇到困难，遭到了不幸，他们就冷落疏远了朋友，友谊也就烟消云散了。这种只能共欢乐不能同患难的人，不仅是无情的，更是愚蠢的。因为他们的自私，会让自己的人情储蓄为零，会让自己日后的人际关系道路越走越窄。

所以，当朋友遇到了困难的时候，我们应该伸出援助的双手。当朋友生活上艰窘困顿时，要尽自己的能力，解囊相助。对身处困难之中的朋友来说，实际的帮助比甜言蜜语强一百倍，只有设身处地地急朋友所急，想朋友所想，才体现出友谊的可贵，让这份交情细水长流。

当朋友遭遇不幸的时候，如病残、失去亲人、失恋等，我们要用关怀去温暖朋友那冰冷的心，用同情去安抚朋友身上的创伤，用劝慰去平息朋友胸中冲动的岩浆，用理智去拨散朋友眼前绝望的雾障。

当朋友犯了错误的时候，我们应该表示理解并尽可能地给予帮助。一般来说，朋友犯了错误，自己感到羞愧，脸上无光。有些人常担心继续与犯了错误的朋友相交会连累自己，因此而离开这些朋友，其实这种自私的行为很不可

取。真正的朋友有福不一定同享，但有难必定上前同担。

当朋友遭到打击、被孤立的时候，我们应该伸出友谊的双手，去鼓励对方，支持对方。如果在朋友遭到歪风邪气打击的时候，我们为了讨好多数人而保持沉默，或者反戈一击，那我们就成了友谊的可耻叛徒。正如巴尔扎克的《赛查·皮罗多盛衰记》中所说的："一个人倒霉至少有这么一点好处，可以认清楚谁是真正的朋友。"一个好朋友常常是在逆境中得到的。假如朋友在遭到打击、被孤立的时候，你能够理解他、支持他，坚决同他站在一起，那么他一定会把你视为一生的挚友，会为找到一个真正的朋友感到高兴。更重要的是，将来某一天如果你需要他的帮助，甚至你有难时没有向他求助，他都会心甘情愿地为你两肋插刀。

总之，人情的赢得往往在关键的时刻，即别人处于困顿的时刻。只要你在关键时刻伸手拉他一把，你就获得了他的好感，为日后储蓄了一笔人情资金。

交往次数越多，心理距离越近

有心理学家曾做过这样一个实验：

在一所中学选取了一个班的学生作为实验对象。他在黑板上不起眼的角落里写下了一些奇怪的英文单词。这个班的学生每天到校时，都会瞥见那些写在黑板角落里的奇怪的英文单词。这些单词显然不是即将要学的课文中的一部分，但它们已作为班级背景的一部分被接受了。

班上学生没发现这些单词以一种有条理的方式改变着——一些单词只出现过一次，而一些却出现了25次之多。期末时，这个班上的学生接到一份问卷，要求对一个单词表的满意度进行评

估，列在表中的是曾出现在黑板角落里的所有单词。

统计结果表明：一个单词在黑板上出现得越频繁，它的满意率就越高。心理学家有关单词的研究证明了曝光效应的存在，即某个刺激的重复呈现会增加这个刺激的评估正向性。与"熟悉产生厌恶"的传统观念相反，曝光效应表明某个事物呈现次数越多，人们越可能喜欢它。

在人际交往中，要得到别人的喜欢，就得让别人熟悉你，而熟识程度是与交往次数直接相关的。交往次数越多，心理上的距离越近，越容易产生共同的经验，使彼此了解和建立友谊，由此形成良好的人际关系。例如教师和学生、领导和秘书等，由于工作的需要，交往的次数多，所以较容易建立亲近的人际关系。

由此可见，简单的呈现确实会增加吸引力，彼此接近、常常见面的确是建立良好人际关系的必要条件。

当然，任何事物都是辩证的，不是绝对的，我们应该承认交往的次数和频率对吸引的作用，但是不能过分夸大其对交往的作用。俗话说：距离产生美，任何事情都存在一个度的问题。有些心理学家孤立地把研究重点放在交往的次数上，过分注重交往的形式，而忽略了人们之间交往的内容、交往的性质，这是不恰当的。实际上，交往次数和频率并不能给我们带来预想的结果，有时反而会适得其反。

互惠，让他知道这样做对他有利

一位心理学教授做过一个小小的实验：

他在一群素不相识的人中随机抽样，给挑选出来的人寄去了圣诞卡片。虽然他也估计会有一些回音，但却没有想到大部分收到卡片的人，都给他回了一张。而其实他们都不认识他啊！

给他回赠卡片的人，根本就没有想到过打听一下这个陌生的教授到底是谁。他们收到卡片，自动就回赠了一张。也许他们想，可能自己忘了这个教授是谁了，或者这个教授有什么原因才给自己寄卡片。不管怎样，自己不能欠人家的情，给人家回寄一张，总是没有错的。

这个实验虽小，却证明了互惠在心理学中的作用。它是人类社会永恒的法则，是各种交易和交往得以存在的基础，我们应该尽量以相同的方式回报他人为我们所做的一切。

如果一个人帮了我们一次忙，我们也应该帮他一次；如果一个人送了我们一件生日礼物，我们也应该记住他的生日，届时也给他买一件礼品；如果一对夫妇邀请我们参加了一个聚会，我们也一定要记得邀请他们到我们的一个聚会上来。

由于互惠的影响，我们感到自己有义务在将来回报我们收到的恩惠、礼物、邀请等。人与人之间的互动，就如坐跷跷板一样，不能永远固定某一端高、另一端低，就是要高低交替，一个永远不肯吃亏、不肯让步、不与别人互惠的人，即使真正赢了，讨到了不少好处，从长远来看，他也一定是输家，因为没有人愿意和他玩下去了。

中国古代讲究礼尚往来，也是互惠的表现。这似乎是人类行为不成文的规则。

一个人向朋友请教一件事，两人聚会吃饭，那么账单就理所当然应由请教人的这个人付，因为他是有求于人的一方。如果他不懂这个道理，反而让对方付，就很不得体。

在不是很熟悉的朋友之间，你求别人办事，如果没有及时地回报，下一次又求人家，就显得不太自然。因为人家会怀疑你是否有回报的意识，是否感激他对你的付出。及时地回报，可以表明自己是知恩图报的人，有利于相互之间继续交往。

而且如果不及时回报，会给你带来一些麻烦。你一直欠着这个情，如果对方突然有一件事反过来求你，而你又觉得不太好办的话，就很难拒绝了。俗话说："受人一饭，听人使唤。"可以说，为了保持一定的自由，你最好不要欠人情债。

当然，在关系很亲密的朋友之间，就不一定要马上回报，那样可能反而显得生疏。但也不等于不回报，只是时间可能拖得长一些，或有了机会再回报。

朋友间维护友谊遵循着互惠定律，爱情之间也是如此。其实世上没有绝对无私奉献的爱情，不像歌里和诗里表现的那样。爱情也是讲求互惠互利的，双方需要保持一个利益的平衡。如果平衡被严重打破，就可能导致关系破裂。

强者也要装脚痛，更好地处理人际关系

　　强者有时也要装脚痛，让你更好地处理人际关系。作为弱者的一方，他心里希望看到强大的对手遭遇挫折。所以，作为强者来说，在某些时候，某些场合假装踢到"铁板"喊脚痛，收剑一下自己的锋芒，也是很有必要的。

　　张某和李某二人是大学同班同学，二人无话不谈，彼此都没有秘密，因此班上同学说他们二人是"难兄难弟"，而他们二人也以彼此间的友情而自豪，并且相当珍惜。大学毕业后，二人仍然保持联系。几年过后，二人的工作分别换了，也先后结了婚，仍然来往频繁。

　　后来张某一度落魄，李某则不时给予温情。

　　过了五六年，张某东山再起，站在一个李某根本无法企及的位置。但自此之后，二人关系淡了，张某找李某，李某总是借故逃避。为什么如此？张某十分纳闷。

　　张某和李某在校时感情甚好，步入社会时仍能维持一定的关系，原因有两个：一是二人出身背景相近，彼此都感受不到对方的"压力"，因此能融洽相处。如果二人中一为豪门世家，一为寒门子弟，恐怕就不是这个样子。二是初入社会，彼此"成就"差不多，"压力"尚未形成，因此还能维持相处的热

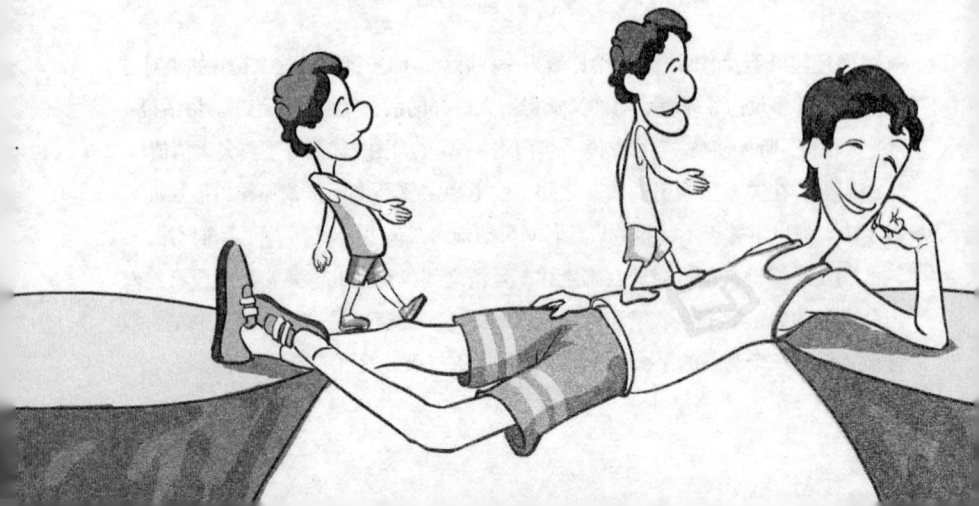

情。不过，人是好"比"的，"比"的目的是建立自己在同行中的地位，因此，绝大多数人不会去和不同行业者比，不会去和不同年龄者比，不会去和职业差太多者比，总是会和同班同学比，和同行比，和同阶层比；能"比"对方"高""好""多"，自己就会有一种自我满足。大学生从学校毕业后，前几年看不出先后，但七八年、十多年之后，成就的高下就出现了，所以大学毕业后几年，同学会还办得起来，十年后就不容易办了，因为前几年大家都差不多，十年后成就有了差距，自认没有成就的就不想参加了。

张某和李某的问题也是出在"比"这个字。

本来李某认为他是可以超越张某的，所以他也不吝给予落魄中的张某温情，谁知张某反而在几年后超越了李某，让李某很不是滋味；李某过去的乐观破灭，心理受到了"估算错误"的打击，同时也有了成就比较上的压力，一时无法调适，所以和张某疏远。其实，强者偶尔装装"脚痛"，表现得隐晦一点，会让弱者在心理上多少得到一些平衡，双方的关系也就不会陷入僵局。

这种现象包含着嫉妒、羡慕的心理，基本上是属于维护自我尊严的防卫性行为，但有时也不无转成攻击性行为的可能。

所以，当一个人突然在事业上走在同行的前面，第一个影响就是原来的朋友突然少了；不过，这些突然疏远了的朋友也有可能在过一段时间之后和你重新建立关系——反正也比不上你，不如和你保持接触，以免失去一条可贵的人缘。

女孩子也会有这种情形，而且可能表现得更为直接强烈，例如当某位女孩嫁一位人人羡慕的对象，那么她的"闺中密友"也有可能很快流失，因为她们受不了她的"幸运"而生她的"闷气"。

不过，这也是一件无可奈何的事，友情诚可贵，但为了追求自己的更高成就，也不必过分地勉强。

有些时候，如愿意在弱者面前显示你"脆弱"的一面，表现谦卑，会让对方心理平衡一些，至少在处理人际关系这方面不会让你束手无策，面临尴尬的境地。

故意让人占点便宜，人情积少成多

积少成多的道理大家都非常清楚，一点一点积累，最后收获很多。其实，在人情储蓄的诸多方法中，积少成多也是非常重要的一种。具体就是，时不时地故意让别人占你一点小便宜。

陈老与纪伯是邻居，某天夜里，纪伯偷偷地将隔开两家的竹篱笆，向陈家移了移，以便让自己的院子宽一点。不过由于是深夜，纪伯只移动了一点点。陈老虽然看到了这些，但他故意视而不见。

第二天夜里，纪伯又偷偷地将竹篱笆向陈家移了一些，不过仍然进行得比较吃力。陈老看在眼里，在纪伯走后，他将篱笆又往自己这边移了一丈，使纪伯的院子更宽敞了。

第三天一早，纪伯发现后，很是惭愧，不但还了侵占陈家的地，而且还将篱笆往自己这边移了一丈。

陈老故意让纪伯占点小便宜，纪伯却因陈老的谦让感到内疚，产生了"以小人之心，度君子之腹"的感觉，认为自己欠了陈老的一个人情债。每当他想起此事时，他总是会想法报答纪伯。

人情债就是这样，一点一点地放，虽然每次看上去很少，但经过积累，对方最终欠你的就多了，日后对你的报答当然也不会太少了。这一点，不仅在日常交际中非常重要，在经商中同样重要。

徐先生在广州开了一家海鲜酒楼，叫南海渔村，最后经营上遇到了问题。

一天，他在同一街上看到两家时装店，一家生意兴旺，另一家却相当平淡。什么原因呢？他走进那家旺店一看，原来店里除了高档货外，还有几款特价服装。

他受到了启发，于是就创出了"海鲜美食周"的点子——每天有一款海鲜是特价的，售价远远低于同行的价格。当时，基围虾的市场价格为500克38元，徐先生把它们降到28元。不仅如此，结账时，他还将每位顾客消费的元以下的零钱全部抹掉。有些常客几乎三天两头就过来买，他仍然次次见零钱就抹掉，有些常客开玩笑地说："你长期这样给我抹钱，都抹掉几斤大虾了！"而徐先生每次都是一笑而过。

不出所料，这两招一举成功，很多食客就冲着那一款特价海鲜，走进了南海渔村大门。降低价格，原来是准备亏本的，但由于吃的人多，每月销出4吨基围虾，结果不但没亏本，反而赚了钱。

自此以后，南海渔村门庭若市，顾客络绎不绝。

徐先生作为饭店的经营者，之所以能够成功，就是在人的"贪便宜""好尝鲜"的本性上做足了文章。因为贪便宜，一看到原本38元一斤的基围虾跌到28元一斤，于是人们便蜂拥而至抢便宜货，再加上老板大方地抹掉零钱，酒楼自然就出了名，大把的钱也就自然流入徐老板的腰包。

足见，积少成多放人情债的方式多么受人们欢迎，更重要的是它在顺畅人际关系方面非常奏效。

当然，让别人占点便宜并不是要大家随时随地都去吃亏。吃亏是有学问、有讲究的。我们要学会吃亏，要吃在明处，至少你应该让对方心中有数。这样才能让别人觉得欠你人情，以后你若有求于他，他才会全力以赴。

第十篇

适时变通，棘手事件处理游刃有余

不按规则就是一种规则

在规则之下，人们往往形成一种思维定式。这时，如果打破这种思维定式，不按规则出牌，往往会出奇制胜，占得上风。

隆美尔是纳粹德国的著名将领，在第二次世界大战中参加和指挥过进攻波兰、西欧、北非和抗击诺曼底登陆等重要战役。1941年到1943年间，他担任北非德国远征军司令，曾多次打败占有优势的英军。由于他作战机警狡诈，善于出奇制胜，被称为"沙漠之狐"。

1941年3月的一天，意属的北非利比亚首府的黎波里政府大楼前广场上，正举行隆重的阅兵式。隆美尔在众人的簇拥下，不时向强大的装甲部队挥手致意。1940年12月，退守埃及的英军向意军发起反击，毫无准备的意军措手不及，一溃千里，北非告急。希特勒应墨索里尼之邀，派隆美尔率这支以坦克为主的部队远征非洲。

检阅持续了数小时，坦克一批批从检阅台前开过，发出震耳欲聋的轰鸣，经过主要街道和围观的人群，向东开往前线。几天后，英军侦察机在黎波里以东发现了隆美尔的坦克群，五六百辆摆成一片，指挥车、加油车在其间穿来绕去。很显然，强大的德军坦克兵团正在途中补给，似乎对英军的大规模进攻迫在眉睫。情报由英国在黎波里的谍报人员和侦察机迅速传到设在开罗的英军中东司令部。固守阿格拉前线的英军心慌意乱，与隆美尔军队刚一接触便溃不成军。隆美尔大军穷追猛打两个星期，前进800公里，包围了英军在北非的战略据点托卜鲁克，进逼埃及。

其实，英军上了隆美尔的当。1941年春，希特勒正筹划大举入侵苏联，能调往北非的坦克极为有限。在黎波里的大规模检阅，正是隆美尔的疑兵之计。他让当时仅有的第2装甲师的一个坦克团在检阅台前环绕着反复经过，虚张声势骗过了英国间谍。而侦察机发现的坦克群，绝大部分是假的，有些

是经过精心伪装的卡车，有些则是木头和纸板搭成的模型。狡猾的"沙漠之狐"就是这样以假乱真，欺骗了英国人。

时隔不久，退守埃及的英军获得大批增援，开始向德军发起代号为"战斧作战计划"的反攻。英军这次信心十足，不仅因为他们摸清了隆美尔非洲军的真正实力，而且紧急援助北非的200多辆坦克中，大部分是被誉为"坚不可摧"的马蒂尔达重型坦克。德军当时装备用的37毫米反坦克炮对这种坦克无能为力。

6月15日，成群的马蒂尔达坦克直扑濒临地中海的哈勒法亚山口。这是通往利比亚的唯一通道，由德军把守。攻下此山口，英军即可解托卜鲁克之围，直下利比亚，大败德军。哈勒法亚山口前一马平川，马蒂尔达坦克喷着火舌，涌向山口，德军的坦克火力微弱，胜利眼看唾手可得。突然，德军阵地前一阵连续巨响，冲在最前面的五辆英军坦克立即瘫痪在火海里。

后面的未及撤退，一排炮弹打来，又有六辆顿时报销。哈勒法亚山口前激战三天，英军共损失马蒂尔达坦克91辆，"战斧作战计划"就此破产。

德军使用的究竟是什么火炮，英国人百思不得其解。一名被俘的英军少校要求看看击毁坦克的秘密武器。结果让他大跌眼镜，隆美尔利用德军88毫米高射炮进行平射，摧毁了英军这些"坚不可摧"的庞然大物。少校面对88毫米高炮愤怒地高叫："太不公平了，你们竟用打飞机的高射炮来打我们的坦克！"

"沙漠之狐"隆美尔在阅兵时让坦克绕过去，用高射炮打坦克，都是没按武器使用的"规则"做事，结果把英军打得晕头转向。

这告诉我们，学会适当的变通，让对手永远猜不透我们在想什么，永远不能跟上我们的节奏，打破他们的规则，这样往往更容易实现目标。

懂得变通退避，趋福避祸

在不利的形势下，善于变通、果断退避，是一个人心怀博大、大智若愚的具体体现。一个人在客观条件不允许继续前进，或再前进时就危及自身的情况下，就应当自觉地、主动地退避。

历史和现实都一再表明，善于退与善于进，具有同等的谋略价值，只善于进而不善于退的人，绝非高明之人，而只有把两者有机地结合在一起并加以灵活运用的人，才称得上高明，才能趋福避祸。

明朝年间，在江苏常州地方，有一位姓尤的老翁开了个当铺，很多年了，生意一直不错。某年年关将近，有一天尤翁忽然听见铺堂上人声嘈杂，走出来一看，原来是站柜台的伙计同一个邻居吵了起来。伙计连忙上前对尤翁说："这个人前些时候典当了一些东西，今天空手来取典当之物，不给就破口大骂，一点道理都不讲。"那人见了尤翁，仍然骂骂咧咧，不认情面。

尤翁却笑脸相迎，好言好语地对他说："我晓得你的意思，不过是为了度过年关。街坊邻居，区区小事，还用得着争吵吗？"于是叫伙计找出他典当的东西，共有四五件。尤翁指着棉袄说："这是过冬不可少的衣服。"又指着长袍说："这件给你拜年用。其他东西现在不急用，不如暂放这里，棉袄、长袍先拿回去穿吧！"

邻居拿了两件衣服，一声不响地走了。当天夜里，他竟突然死在另一个人家里。为此，死者的亲属同这个人打了一年多官司，害得那家人花了不少冤枉钱。

原来这个邻人欠了人家很多债，无法偿还，走投无路，事先已经服毒，知道尤翁殷实，想用死来敲诈一笔钱财，结果只得了两件衣服。他只好到另一家去扯皮，那家人不肯相让，结果就死在那里了。

后来有人问尤翁说："你怎么能有先见之明，向这种人低头呢？"尤翁回答说："凡是蛮横无理来挑衅的人，他一定是有所恃而来的。如果在小事上争强斗胜，那么灾祸就可能接踵而至。"人们听了这一席话，无不佩服尤翁的聪明。

按常理，人们都会与故事中无理的邻居吵起来，但尤翁偏偏没有。他认为邻人蛮横无理地挑衅，必事出有因，所以打破常规，故意笑颜避开争端，这就是巧妙避祸的智慧。

不过，讲究趋福避祸之道并不是说一看前方有危险，便急忙后退，一退再退，以致放弃原来的目标、路线，改变方向、道路（而这个方向、道路与原来坚持的方向、道路已有本质的区别），如果这样那就是知难而退了，就不具谋略价值，而是逃跑主义了。所以，在趋福避祸的问题上也要分清勇敢与怯懦、高明和愚笨。一般来说，要做到这一点，就必须具备较高的修养，善于克制、约束自己。

所以，隐避不是消极地避凶就吉，而是要懂得变通，暂时收敛锋芒，隐匿踪迹，养精蓄锐，待机而动。

冷眼静观，抓住隐藏于常规中的机遇

如今，很多人抱怨自己怀才不遇，遇不上机会。在这世界上，难道真的没有机会吗？那为何成千上万的穷人发财致富，卖报纸的少年被选入美国国会，出身卑微的人获得高官厚禄……

对于聪明人来说，世界到处都是门路，机遇就隐藏在变通之中。上天赋予我们每个人独特的能力。聪明人将其充分利用，最终成了强者；弱者却未能依靠自己的能力尽享美好人生，而是一味依赖外界的帮助，使本来摆在眼前的机会悄悄溜走。许多人认为自己贫穷，实际上他们有许多机会，只是需要他们在平时转变一下思路，在打破常规中发掘机会。

据统计，在美国东部的大城市中，至少94%的人第一次挣大钱是在家中，或在离家不远处，而且是为了满足日常的、普通的需求。对于那些看不到身边机会，一心以为只有远走他乡才能发迹的人，不啻是当头一棒。

哈佛的阿加西兹教授曾讲过一个农夫的故事。这个农夫有一处几百英亩的农庄，里面尽是些石头和不值钱的树，他决定把农庄卖掉去从事更赚钱的煤油买卖。他开始关注煤层和煤油油藏，并进行了长时间的研究。他把农庄以200美元的价格卖掉，然后跑到200英里外的地方开展新业务。不久，买下农庄的人在农庄里发现了大量煤油，而以前那个农夫却还在异乡钻研煤油买卖，且一无所获。

上面这个例子中，买下农庄的人就是发现了身边隐藏的机遇，最终发家致富。

保罗·迪克刚刚从祖父手中继承了美丽的"森林庄园"，就被一场雷电引发的山火化为灰烬。面对焦黑的树桩，保罗欲哭无泪，年轻的他不甘心百年基业毁于一旦，决心倾其所有也要修复庄园，于是他向银行提交了贷款申请，但银行却无情地拒绝了他。接下来，他四处求亲告友，依然是一无所获……

所有可能的办法全都试过了，保罗始终找不到一条出路，他的心在无尽的黑暗中挣扎。他知道，自己以后再也看不到那郁郁葱葱的树林了。为此，他闭门不出，茶饭不思，眼睛熬出了血丝。

一个多月过去了，年已古稀的外祖母获悉此事，意味深长地对保罗说："小伙子，庄园成了废墟并不可怕，可怕的是你的眼睛失去了光泽，一天天地老去。一双老去的眼睛，怎么可能看得见希望呢？"

保罗在外祖母的劝说下，一个人走出了庄园，走上了深秋的街道。他漫无目的地闲逛着，在一条街道的拐角处，他看见一家店铺的门前人头攒动，他下意识地走了过去。原来，是一些家庭妇女正在排队购买木炭。那一块块躺在纸箱里的木炭忽然让保罗眼睛一亮，他看到了一线希望。

在接下来的两个多星期里，保罗雇了几名烧炭工，将庄园里烧焦的树加工成优质的木炭，分装成箱，送到集市上的木炭经销店。结果，木炭被一抢而空，他因此得到了一笔不菲的收入。不久，他用这笔收入购买了一大批新树苗，一个新的庄园又初具规模了。几年以后，"森林庄园"再度绿意盎然。

一场天灾使家业毁于一旦，但由于保罗能够慧眼识机遇，使他成功地化险为夷，重新崛起。

把一块固体浸入装满水的容器，人人都会注意到水溢了出来，但从未有人想到浸在水盆中的固体的体积等同于溢出的水的体积这一道理，只有阿基米德注意到这一现象，并提出了计算不规则物体体积的简易方法。在欧洲，没有一位水手不曾对大西洋彼岸充满遐想，但只有哥伦布大胆地驶入茫茫大海，发现了新大陆。从树上落下的苹果不计其数，但只有牛顿领会到苹果落地是受到地心引力的支配。

有人到一位雕塑家家中参观，看到众神之中有一位脸被头发遮住，脚上长着翅膀的雕像，便问："他叫什么名字？"

雕塑家答道："机会之神。"

"为什么他的脸不露出来？"

"因为当他到来时，人们很少认识他。"

"为什么他的脚上长着翅膀？"

"因为他很快就会离去，而一旦离去，就不会被追上。"

"机会女神的头发长在前面，"一位拉丁诗人也说过，"后面却是光秃秃的。如果抓前面的头发，你就可以抓住她；但如果让她逃脱，那么即使主神朱庇特本人也抓不到她。"

不要坐等机会，越善于从司空见惯的事物中变通，你利用的机会就越多，创造的新机会也就越多，成就非凡的可能性也就越大。对于懒惰的人来说，再好的机会也一文不值；对于勤奋的人来说，再普通的机会也仿佛千载难逢。

记住：机会总是隐藏在周围琐碎的小事里，抱怨是没有用的，让思想变通一下，把握住每一个可能的机会，再平凡的你也能做出不平凡的事来。

别人恶意诬陷，灵活应对胜过激进争辩

有些人为了达到个人的目的不惜造谣生事、诬陷诽谤，这种情况下，如果采用激进的争辩，往往得不到理想的结局，只有具有灵活的思维和准确的分析判断能力，才能够避免被人蒙蔽，做出正确的应对。

晋文公在位的时候，曾遇到过一起发生在自己身边的陷害案。

一天，一个侍从在御膳间端了一盘烤肉，恭恭敬敬地送到晋文公面前请其就餐。晋文公拿起餐刀正准备切肉，忽然发现肉上粘着不少头发。他立即放下手中的小刀，命人去找膳吏。

那个膳吏看到传召的侍从脸色不好，一路上不停地琢磨这次晋王召见的原因。究竟是刚送去的烤肉火功不够，还是烧烤时用料不当、口味欠佳呢？

他哪知道一见晋文公就遭到一阵责骂。文公气势汹汹地说道："你是存心想噎死我吗？为什么在烤肉上放这么多头发？"

膳吏一听，原来发生了一件自己没有料到的祸事。虽然他明知道这件事里面有鬼，但在君王的气头上是不能辩白的。否则如果把握不好，很容易招致横祸。因此，膳吏急忙跪拜叩头，口中却似是而非、旁敲侧击地说道："请君王息怒，奴才真是该死。烤肉上缠着头发，我有三条罪责。我用最好的磨石把刀磨得比利剑还快，它切肉如泥，可就是切不断毛发，这是我的第一大罪过；我在用木棍去穿肉块的时候，竟然没有发现肉上有一根毛发，这是我的第二大罪过；我守着炭火通红、烈焰炙人的炉子把肉烤得油光可鉴、吱吱有声、香味扑鼻，然而就是烤不焦、烧不掉肉上的毛发，这是我的第三大罪过。不过我还想补充一句，您是一位明察秋毫的贤明君主，您能不能把堂下的臣仆观察一遍，看看其中是否有恨我的人呢？"

晋文公觉得膳吏所言话外有音，所以对案情产生了怀疑。他立即召集属下进行追问，不出膳吏所料，果然找出了那个想陷害膳吏的侍从。晋文公下令杀了那个人。

无独有偶，三国时期，吴国国君孙亮的思维判断能力也非常令人折服。

孙亮非常聪明，观察和分析事物都非常深入细致，常常能使疑难事物得出正确的结论，为一般人所不及。

一次，孙亮想要吃生梅子，吩咐黄门官去库房把浸着蜂蜜的蜜汁梅取来。这个黄门官心术不正而且心胸狭窄，是个喜欢记仇

的小人。他和掌管库房的库吏素有嫌隙，平时两人见面经常发生口角。他怀恨在心，一直伺机报复。这次，可让他逮到机会了。他从库吏那里取了蜜汁梅后，悄悄找了几颗老鼠屎放了进去，然后才拿去给孙亮。

不出他所料，孙亮没吃几口就发现蜂蜜里面有老鼠屎，果然勃然大怒："是谁这么大胆，竟敢欺侮到我的头上，简直反了！"

心怀鬼胎的黄门官忙跪下奏道："库吏一向不忠于职责，常常游手好闲、四处闲逛，一定是他的渎职才使老鼠屎掉进了蜂蜜里，既败坏主公的雅兴又有损您的健康，实在是罪不容恕，请您治他的罪，好好儿教训教训他！"

孙亮马上将库吏召来审问鼠屎的情况，问他道："刚才黄门官是不是从你那里取的蜜呢？"

库吏早就吓得脸色惨白，他磕头如捣蒜，结结巴巴地回答说："是……是的，但是我给他……的时候，里面……里面肯定没有鼠屎。"

黄门官抢着说："不对！库吏是在撒谎，鼠屎早就在蜜中了！"

两人争执不下，都说自己说的是真话。

侍中官刁玄和张邠出主意说："既然黄门官和库吏争不出个结果，分不清到底是谁的罪责，不如把他们俩都关押起来，一起治罪。"

孙亮略一沉思，微笑着说："其实，要弄清楚鼠屎是谁放的这件事很简单，只要把老鼠屎剖开就可以了。"

他叫人当着大家的面把鼠屎切开，大家仔细一看，只见鼠屎外面沾着一层蜂蜜，是湿润的，里面却是干燥的。

孙亮笑着解释说："如果鼠屎早就掉在蜜中，浸的时间长了，一定早湿透了。现在它却是内干外湿，很明显是黄门官刚放进去的，这样栽赃，实在是太不像话了！"

这时的黄门官早吓昏了头，跪在地上如实交代了陷害库吏、欺君罔上的罪行。

晋文公也好，孙亮也好，都告诉我们：对于形势复杂难以判断的事物只要全面分析、推理，开动脑筋想办法，不被表面现象所迷惑，不被事物的复杂性所吓倒，这样就能正确应对突然来临的因素。

客观世界里充满了矛盾，我们只有掌握了科学的思维方法，才能在错综复杂的矛盾面前立于不败之地。这一点，对于行走于社会的我们显得尤为关键。

狡兔三窟，有备用方案就不会措手不及

做人做事必须要有"备用方案"——为自己多考虑几条安全通道。但要想在人与人之间不偏不倚又游刃有余，没有一定的平衡技巧是行不通的。因此，在对待比较复杂的人际关系问题上，多准备几手，适度中立，方能有备无患。

人在职场会遇到很多种情况，拥有"备用方案"会让你游刃有余。下面是美国职员克多尔讲的关于自己的一个很好的例子：

"您好，"我对老总说，"昨天我交给您的文件签了吗？"老总转动眼睛想了想，然后装模作样地翻箱倒柜地在办公室里折腾了一番，最后他耸了耸肩，摊开两手无奈地说："对不起，我找过了，我从未见过你的文件。"如果是刚从学校毕业的我，我会义正词严地说："我看着您的秘书将文件摆在桌子上的，怎么会找不到呢？您可能将它卷进废纸篓了！"可我现在才不会这样说呢。既然老总能睁眼说瞎话，我又何必与他计较呢？我要的是他的签字。于是我平静地说："那好吧，我回去找找那份文件。"于是，我下楼回到自己办公室，把电脑中的文件重新调出再次打印，当我再把文件放到杰克先生面前时，他连看都没看就签了字，其实他比我更清楚文件原稿的去向。但我却一点都不生气。

是的，用自己的"备用方案"，在关键时刻解决问题让自己从困境中走出来，这就是我们在与上司发生冲突时的解决方式。不要在冲突发生以后一走了之，因为在新环境里还会出现老问题，到那时你又怎样呢？也不要为了争一口气大闹一场，因为吵闹不能解决问题，反倒有可能断送了前途。在职场中，谁是谁非并不重要，即便你的上司错了，你也要开动脑筋为上司找一个台阶下，这样才能尽早解决问题。

拥有"备用方案"能让你在关键时刻摆脱困境，从而避免那些无谓的争论。世上最大的空耗之一就是与人反复争论。正如卡耐基所说："争论的结果是使双方比以前更相信自己绝对正确。要是输了，当然你就输了，如果赢了，你还是输了，因为争论赢不了他的心。"因此，做人应当避开反复争论的空耗，在处理冲突的问题上应该冷静，绝不能像个孩子一样在冲突中放任自己，要运用自己的智慧和团队精神与上司及同事尽量合作，让他们发现你其实是个理想的合作伙伴，这样做的同时也就给自己创造了一个良好的工作空间。

是的，想想吧，没有先期的计划和应对方案，就会让你手足无措，引发无谓的争论。有了"备用方案"，在关键时刻让你从容应对并赢得先机。

总之一句话：凡事多想一步，多预备应急方案。

第十一篇

拒人有方，委婉暗示令对方知难而退

拖延、淡化，不伤其自尊地将其拒绝

一般人都不太好意思拒绝别人，但在很多情况下，我们为了避免多余的困扰，对一些不合理或不合自己心意的事有必要拒绝，但怎样既不伤害对方自尊心又能达到拒绝的目的呢？当对方提出请求后，不必当场拒绝，你可以说："让我再考虑一下，明天答复你。"这样，既使你赢得了考虑如何答复的时间，也会使对方认为你是很认真对待这个请求的。

某单位一名职工找到上级要求调换工种。领导心里明白调不了，但他没有马上回答说"不可能"，而是说："这个问题涉及好几个人，我个人决定不了。我把你的要求带上去，让厂部讨论一下，过几天答复你，好吗？"

这样回答可让对方明白调工种不是件简单的事，这其中存在着两种可能，也使对方思想有所准备，比当场回绝效果要好得多。

一家汽车公司的销售主管在跟一个大买主谈生意时，这位买主突然要求看该汽车公司的成本分析数字，但这些数据是公司的绝密资料，是不能给外人看的。可如果不给这位大买主看，势必会影响两家和气，甚至会失掉这位大买主。这位销售主管并没有说"不，这不可能"之类的话，但他的话中婉转地说出了"不"。"这个……好吧，下次有机会我给你带来吧。"知趣的买主听过后便不会再来纠缠他了。

某位作家接到老朋友打来的电话，邀请他到某大学演讲，作家如此答复："我非常高兴你能想到我，我将查看一下我的日程安排，我会回电话给你的。"

这样，即使作家表示不能到场的话，他也就有了充裕时间去化解某些可能的内疚感，并使对方轻松、自在地接受。

陈涛夫妻俩下岗后，自谋职业，利用政府的优惠贷款开了一家日用品商店，两人起早贪黑把这个商店办得红红火火，收入颇丰，生活自然有了起色。

陈涛的舅舅是个游手好闲的赌棍，经常把钱扔在麻将桌上，这段时间，手气不好又输了，他不服气，还想捞回本钱，又苦于没钱了，就把眼睛瞄准了外甥的店铺。一日，这位舅舅来到了店里对陈涛说："我最近想买辆摩托车，手头尚缺五千块钱，想在你这借点周转，过段时间就还。"——他也知道用模糊语言。

陈涛了解舅舅的嗜好，借给他钱，无疑是肉包子打狗。何况店里用钱也紧，就敷衍着说："好！再过一段时间，等我有钱把银行到期的贷款支付了，就给你，银行的钱可是拖不起的。"

舅舅听外甥这么说，没有办法，知趣地走了。

陈涛不说不借，也不说马上就借，而是说过一段时间，等支付银行贷款后再借。这话含多层意思：一是目前没有，现在不能借；二是我也不富有；三是过一段时间不是确指，到时借不借再说。舅舅听后已经很明白了，但他并不心生怨恨，因为陈涛并没有说不借给他，只是过一段时间再说而已，给了他希望。

因此，处理事情时，巧妙地一带而过比正面拒绝有效，且不伤和气。

通过暗示，巧妙说"不"

很多时候，我们不得不拒绝别人，但是怎样将这个难说的"不"说出口呢？暗示，是一种不错的选择。

美国出版家赫斯托在旧金山办第一张报纸时，著名漫画大师纳斯特为该报创作了一幅漫画，内容是唤起公众来迫使电车公司在电车前面装上保险栏杆，防止意外伤人。然而，纳斯特的这幅漫画完全是失败之作。发表这幅漫画，有损报纸质量，但不刊这幅画，怎么向纳斯特开口呢？

当天晚上，赫斯托邀请纳斯特共进晚餐，先对这幅漫画大加赞赏，然后一边喝酒，一边唠叨不休地自言自语："唉，这里的电车已经伤了好多孩子，多可怜的孩子，这些电车，这些司机简直不像话……这些司机真像魔鬼，瞪着大眼睛，专门搜索着在街上玩的孩子，一见到孩子们就不顾一切地冲上去……"听到这里，纳斯特从座椅上弹跳起来，大声喊道："我的上帝，赫斯托先生，这才是一幅出色的漫画！我原来寄给你的那幅漫画，请扔入纸篓。"

赫斯托就是通过自言自语的方式，暗示纳斯特的漫画不能发表，让纳斯特欣然地接受了意见。

另外，通过身体动作也可以把自己拒绝的意图传递给对方。当一个人想拒绝对方继续交谈时，可以做转动脖子、用手帕拭眼睛、按太阳穴以及按眉毛下部等漫不经心的小动作。这些动作意味着一种信号：我较为疲劳、身体不适，希望早一点停止谈话。显然，这是一种暗示拒绝的方法。此外，微笑的中断、较长时间的沉默、目光旁视等也可表示对谈话不感兴趣、内心为难等心理。

例如，一天，为了配合下午的访问行程，小王想把甲公司的访问在中午以前结束，然后依计划，下午第一个目标要到乙公司拜访。但是，甲公司的科长提出了邀请："你看，到中午了，一起吃中午饭吧？"

小王与甲公司这位科长平常交情不错，又是非常重要的客户，不能轻易地拒绝。但是，和这位爱聊天的科长一起吃中午饭，最快也要磨蹭到下午一点才能走。小王怎样才能不伤和气地拒绝呢？

答案就是在对方表示"要不要一起吃饭"之前，小王就不经意地用身体语言表示出匆忙的样子，如说话语速加快或自然地看看表等。但记住：这种时候千万不要提早露出坐立不安的神情，急得让人怀疑你合作的诚心。

巧妙地学会用暗示的方法拒绝别人，让对方明白你在说"不"，不仅能把事情办妥，而且不伤和气。

先说让对方高兴的话题，再过渡到拒绝

对于他人的话，人们总是会表现出情感反应。如果先说让人高兴的话，即使马上接着说些使人生气的话，对方也能以欣然的表情继续听。利用这种方法，可以拒绝不受喜欢的对象。

有一个乐师，被熟人邀请到某夜总会乐队工作。乐师嫌薪水低，打算立即拒绝。但想起以往受过对方照顾，他不便断然拒绝。他心生一计，先说些笑话，然后一本正经地说："如果能使夜总会生意兴隆，即使奉献生命，在下也在所不辞。"

此时夜总会老板自然还是一副笑脸，乐师抓住机会立刻板起面孔说："你觉得什么地方好笑？我知道你笑我。你看扁我，不尊重我，这次协议不用再提，再见！"

这样，乐师假装生气，转身便走。老板却不知该如何待他，虽生悔意，但为时已晚。

因此，面对不喜欢的对象，要出其不意地敲他一下，以便拒绝对方。若缺乏机会，不妨参照上例，制造机会，先使对方兴高采烈，然后趁对方缺乏心理准备，脸上仍在笑嘻嘻时，找到借口及时退出，达到拒绝的目的。

一位名叫金六郎的青年去拜访本田宗一郎，想将一块地产卖给他。

本田宗一郎很认真地听着金六郎的讲话，只是暂时没有发言。

本田宗一郎听完金六郎的陈述后，并没有做出"买"或者"不买"的直接回答，而是在桌子上拿起一些类似纤维的东西给金六郎看，并说："你知道这是什么东西吗？"

"不知道。"金六郎回答。

"这是一种新发现的材料，我想用它来做本田宗一郎汽车的外壳。"本田宗一郎详详细细地向金六郎讲述了一遍。

本田宗一郎共讲了15分钟之多。谈论了这种新型汽车制造材料的来历和好处，又诚诚恳恳地讲了他明年拟采取何种新的计划。这些内容使得金六郎摸不着头脑，但感到十分愉快。在本田宗一郎送走金六郎时，才顺便说了一句，他不想买他的那块地。

如果本田宗一郎一开始就将自己的想法告诉金六郎，金六郎一定会问个究竟，并想方设法劝说本田宗一郎，让他买下这块地。本田宗一郎不直接言明的理由正是如此，他不想与金六郎为此争辩什么。

拒绝对方的提议时，必须采用毫不触及话题具体内容的抽象说法。

日本成功学大师多湖辉说的这个故事发生在20世纪60年代末的学生运动中。某大学的教室里正在上课时，一群学生运动积极分子闯了进来，使上课的教授手足无措。当着班上学生的面，教授想显示一点宽容和善解人意的风度，就决定先听一下学生讲些什么之后再去说服他们。

结果与他的善良想法完全相反，学生们乘势向他提出许许多多的问题，把课堂搅得一团糟，再也上不成课了。并且这之后只要他上课就有激进派的学生出现在课堂上，就这样毫无宁日地持续了一年。

从这一教训中，教授悟到一条法则，即若无意接受对方，最好别想去说服他，对方一开口就应该阻止他："你们这是妨碍教学，赶快从教室里出去，与课堂无关的事，让我们课后再说！"

假如再发生一次同样的事，教授能否应付？就算他显示出了拒绝的态度，学生也会毫不理会地攻击他吧！如果一点也不去听学生的质问，一开始就踩住话头，至少不会给对方可乘之机，也不致弄得一年时间都上不好课！

可见，拒绝之前先说点与拒绝无关的话，这种欲抑先扬的方式，可以给人心里一个缓冲和铺垫，不至于让拒绝进行得很直接、僵硬。

艺术地下逐客令，让其自动退门而归

有朋来访，促膝长谈，交流思想，增进友情是生活中的一大乐事，也是人生道路上的一大益事。宋朝著名词人张孝祥在跟友人夜谈后，忍不住发出了"谁知对床语，胜读十年书"的感叹。然而，现实中也会有与此截然相反的情形。下班后吃过饭，你希望静下心来读点书或做点事，那些不请自来的"好聊"分子又要扰得你心烦意乱了。他唠唠叨叨，没完没了，一再重复你毫无兴趣的话题，还越说越来劲。你勉强敷衍，焦急万分，极想对其下逐客令但又怕伤了感情，故而难以启齿。

但是，若你"舍命陪君子"，就将一事无成，因为你最宝贵的时间，正在白白地被别人占有着。鲁迅先生说："无端地空耗别人的时间，无异于谋财害命。"任何一个珍惜时间的人都不甘任人"谋财害命"。

那要怎样对付这种说起来没完没了的常客呢？最好的对付办法是：运用高超的语言技巧，把"逐客令"说得美妙动听，做到两全其美；既不挫伤好话者的自尊心，又使其变得知趣。要将"逐客令"下得有人情味，可以参考以下方法：

1.以婉代直

用婉言柔语来提醒、暗示滔滔不绝的客人：主人并没有多余的时间跟他闲聊胡扯。与冷酷无情的逐客令相比，这种方法容易被对方接受。

例一："今天晚上我有空，咱们可以好好畅谈一番。不过，从明天开始我就要全力以赴写职评小结，争取这次能评上工程师了。"这句话的含意是：请您从明天起就别再打扰我了。

例二："最近我妻子身体不好，吃过晚饭后就想睡觉。咱们是不是说话时轻一点？"这句话用商量的口气，却传递着十分明确的信息：你的高谈阔论有碍女主人的休息，还是请你少来光临为妙吧。

2.以写代说

有些"嘴贫"（北京方言，指爱乱侃）的人对婉转的逐客令可能会意识不到。对这种人，可以用张贴字样的方法代替语言，让人一看就明白。有一位著名的科学家，在自家客厅里的墙上贴上了"闲谈不得超过三分钟"的字样，以提醒来客：主人正在争分夺秒搞科研，请闲聊者自重。看到这张字样，纯属"闲谈"的人，谁还会好意思喋喋不休地说下去呢？

根据具体实际情况，我们可以贴一些诸如"我家孩子即将参加高考，请勿大声喧哗""主人正在自学英语，请客人多加关照"等字样，制造出一种惜时如金的氛围，使爱闲聊者理解和注意。一般，字样是写给所有来客看的，并非针对某一位，所以不会令某位来客有多少难堪。

3.以热代冷

用热情的语言、周到的招待代替冷若冰霜的表情，使好闲聊者在"非常热情"的主人面前感到今后不好意思多登门。爱闲聊者一到，你就笑脸相迎，沏好香茗一杯，捧出瓜子、糖果、水果，很有可能把他吓得下次不敢贸然再来。你要用接待贵宾的高规格，他一般也不敢老是以"贵客"自居。

过分热情的实质无异于冷待，这就是生活辩证法。但以热代冷，既不失礼貌，又能达到"逐客"的目的，效果之佳，不言自明。

4.以攻代守

用主动出击的姿态堵住好闲聊者登门来访之路。先了解对方一般每天几点到你家，然后你不妨在他来访前的一刻钟先"杀"上他家门去。于是，你由主人变成了客人，他则由客人变成了主人。你从而掌握交谈时间的主动权，想何时回家，都由你自己安排了。你杀上门去的次数一多，他就会让你给黏在自己家里，原先每晚必上你家的习惯很快会改变。一段时间后，他很可能不再"重蹈旧辙"。以攻代守，先发制人，是一种特殊形式的逐客令。

5.以疏代堵

闲聊者用如此无聊的嚼舌消磨时间，原因是他们既无大志又无高雅的兴趣爱好。如果改用疏导之法，使他有计划要完成，有感兴趣的事可做，他就无暇光顾你家了。显然，以疏代堵能从根本上解除闲聊者上门干扰之苦。

那么，我们该怎样进行疏导呢？如果他是青年，你可以激励他："人生一世，多学点东西总是好的，有真才实学更能过上好生活，我们可以多学习学习，充实充实自己。"如果他是中老年，可以根据他的具体条件，诱导他培养某种兴趣爱好，或种花，或读书，或练书法，或跳迪斯科。"老张，您的毛笔字可真有功底，如果再上一层楼，完全可以在全县书法大奖赛中获奖！"这话一定会令他欣喜万分，跃跃欲试。一旦有了兴趣爱好，你请他来做客也不一定能请到呢！

巧踢"回旋球"，利用对方的话来拒绝他

拒绝不一定非要表明自己的意思，许多时候，利用对方的话来拒绝他，是更聪明的选择。只要合理地从对方的话语里引出一个合乎逻辑的相同问题，巧踢"回旋球"，让对方"哑巴吃黄连——有苦说不出"。

小李从旅游局一个朋友那里借了一架照相机，他一边走一边摆弄着，这时刚好小赵迎面走来了。他也知道小赵有个毛病：见了熟人有好玩的东西，非得借去玩几天不可。这次看见了他手中的照相机又非借不可了。尽管小李百般说明情况，小赵依然不肯放过。

小李灵机一动，故作姿态地说："好吧，我可以借给你，不过我要你不要借给别人，你做得到吗？"

小赵一听，正合自己的意思。他连忙说："当然，当然。我一定做到的。"

"绝不失信。"小李还追加一句说。

"绝不失信，失信还能叫做人？"

小李斩钉截铁地说："我也不能失信，因为我也答应过别人，这个照相机绝不外借。"

听到这，小赵也目瞪口呆了，这件事也只有这样算了。

有一大部分人会产生这样的想法，难道我们在现实生活中都非要拒绝别人不可吗？我们在拒绝他人时都要采用这些委婉的方法吗？其实这个问题问得恰到好处。

在现实生活中，关于拒绝他人，我们还要注意以下问题：

第一，在日常生活中，我们就应该真诚地对待朋友和同学，积极地帮助他们。每个人都应该明白一个简单的道理"平时帮人，拒人才不难"，这种方法主要应用于那些的确违背我们意愿的事情。

第二，如果是由于自己能力或客观原因，我们应该坦诚相对，说明自己的实际情况，同时，要积极帮对方想办法。

第三，对于某些情况，直接说"不"的效果更好，特别是对于那些违法乱纪的事情，应持坚决的态度来拒绝。对于那些可能引起误解的事情，也应该明确自己的态度，否则会"当断不断，反受其乱"。此外，由于拒绝不明可能会影响对方，也影响事情发展方向，也应该直截了当地拒绝它。

第四，即使我们掌握了一些比较好的方法，在一般的拒绝中，我们也应该语气委婉，最好还能面带微笑，这样既达到自己拒绝他人的目的，又消除由于拒绝给对方带来的不快。

顾及对方尊严，让他有面子地被拒绝，自尊之心，人皆有之。因此在拒绝别人时，要顾及对方的尊严。人们一旦投入社交，无论他的地位、职务多高，成就多大，他们无一例外地都关心外界对自己的评价。由于来自外

界评价的性质、强度和方式不同，人们会相应的做出不同反应，并对交际过程及其结果产生积极或消极的影响。通常的规律是：尊之则悦，不尊则哀。也就是说，当得到肯定的评价时，人们的自尊心理得到满足，便会产生一种成功的情绪体验，表现出欢愉乐观和兴奋激动的心情，进而"投桃报李"，对满足自己自尊欲望的人产生好感和亲近力，采取积极的合作态度，交际随之向成功的方向发展。反之，当人们不受尊重、受到不公正的评价时，便会产生失落感、不满和愤怒情绪，进而出现对抗姿态，使交际陷入危机。

顾及对方的尊严是拒绝别人时必不可少的注意事项，有这样一个例子：

某校在评定职称时，由于高级职称的名额有限，一位年龄较大的教师未能评上。他听说了这一消息后就向一位负责职称评定的副校长打听情况。副校长考虑到工作迟早要做，便和这位老教师促膝交谈：

校长："哟：老×，什么风把你给吹来了！"

老师："校长，我想知道这次评高职我有希望吗？"

校长："老×，先喝杯茶，抽支烟。我们慢慢聊，最近身体怎么样？"

老师："身体还说得过去。"

校长："老教师可是我们学校的宝贵财富，年轻教师还要靠你们带呢！"

老师："作为一名老教师，我会尽力的。可这次评定职称，你看我否……"

校长："不管这次评上评不上，我们都要依靠像你这样的老教师。你经验丰富，教学也比较得法，学生反应也挺好。我想，对于一名教师来说，这一点，比什么都重要，你说呢？"

老师："是啊！"

校长："这次评职称是第一次进行，历史遗留的问题较多，可僧多粥少，有些教师这次暂时还很难如愿，要等到下一次。这只是个时间问题。相信大家一定能够谅解。但不管怎样，我们会尊重并公正地评价每一位教师，尤其是你们这些辛辛苦苦工作几十年的老教师。"

老教师在告辞时，心里感觉热乎乎的，他知道自己这次评上高职的希望不大，但由于自身得到了别人的尊重，成绩受到了别人的肯定，他能接受那样的结果。用他对校长的话讲："只要能得到一个公正的评价，即使评不上我也不会有情绪的，请放心。"

这位校长可谓是顾及别人尊严的典范，如果开始他就给这位老教师泼一桶冷水，那么后果就不堪设想了。

在社交场合上，无论是举止或是言语都应尊重他人，即使在拒绝别人的时候也要顾及对方的尊严。也只有这样，才能赢得别人的尊重。

贬低自己，降低对方期望值顺势将其拒绝

用自我贬低的方法或者在玩笑的氛围中拒绝他人，不仅维护了别人的面子，也使自己全身而退。

比如朋友想邀你一起去玩电游，你就可以说："我们都是好朋友了，说出来不怕你们笑话，我学了几年一直玩得不像样，你们看了都会觉得扫兴，为了不影响你们的兴致，我还是不去为好。"又比如说，在同学聚会的时候，你确实不会喝酒，你可以说："我是爸妈的乖儿子，在家里面又没有什么地位，要是喝了酒，那回去后肯定会被我爸揍死的，甚至还会被我妈骂死，你们就饶了我吧。"同时，你还可以说一些其他的事例进行说明，或者找一些比较好的借口来增强这种自我贬低的效果。

在贬低自己的策略中，"装疯卖傻法"是一种特殊形式，即"表示自己无能为力，不愿做不想做的事"，也就是说："我办不到！所以不想做！"

根据心理学的调查发现，人们的确有在日常生活中故意装傻的现象。例如在上班族中，有20%的人曾对上司装过傻，而14%的人对同事装过傻。虽然这会导致评价降低，但令人惊讶的是，仍有一成以上的人是在自己有意识的情况下用了这个办法。

上班族会用到"装疯卖傻法"的场合有以下三种：

第一，不愿做不想做的事。

例如像是打杂般的工作、很花时间的工作，或单调的工作等。还有像公司运动会之类，公司内部活动的筹办委员也是其中之一。像这种情形便有不少人会用"我不会呀"或"我对这方面不擅长"等理由，来把不想做的事巧妙地

推掉。

第二，拒绝他人的请求。

当别人找上你，希望你能帮他的忙时，你很难直接说"不"吧！因此便以"我很想帮你，可是我自己也没有那个能力"的态度来婉转拒绝。拒绝别人这种事，很难直接以"我不愿意"这种态度来拒绝，而且还可能会让对方怀恨在心。因此，若是用能力，也就是自己无法控制的原因来拒绝（想帮你，可是帮不了）的话，拒绝起来便容易多了。

第三，想降低自己的期望值。

一个人若能得到他人的高度期待，固然值得高兴，但压力也会随之而来。因为万一失败，受到高度期待的人，所带给其他人的冲击性会更大。

因此，借由表现出自己的无能，来降低期望值，万一将来失败，自己的评价也不会下降得太多；相反的，如果成功，反而会得到预期之外的肯定。

"装疯卖傻法"有以下两种实行技巧：

1.表明自己无能为力

就像前面所说，这招便是表明"我没有能力做那件事，因此我不愿意做"的一种方法。根据工作的内容，"无能"的内容也有所不同。例如：

（别人要求你处理电脑文书资料时）

"电脑我用不好，光一页我就要打一个小时，而且说不定还会把重要的资料弄不见！"

（别人要求你做账簿时）

"我最怕计算了，看到数字我就头痛！"用于与自己平日业务无关的业务上。

不过，所表明的"无能"的理由不具真实性，那可就行不通。例如刚才电脑处理的例子，如果是在电脑公司，说这种话谁信？后面那个例子，如果发生在银行，也绝对会显得很突兀。平常愈少接触到的工作，说这种话时，所获得的可信度也就愈大。所以要说"我没做过""我做得不好"这些话的时候，这些话一定要具有可信度才行。

2.将矛头指向他人

这招是接着"表示无能"的用法之后，以"我办不到，你去拜托某某比较好"的说法，来将矛头指向他人的做法。

"我电脑没办法，不过小王对电脑很熟，你去拜托他看看怎么样？"

"我对计算工作最头大了，小芸应该做得来！"

像这样搬出一位在这方面能力比自己强的人，然后要对方去拜托他就行了。

不只能力的问题，像下面这个例子中的场合也能适用。

"我如果要做这件事，恐怕要花掉不少时间。小范好像说他今天工作分量不怎么多！"

只有在大家都知道那个人的确比较胜任时才能用这招。

这个办法有一个问题就是，可能会招致那个被你"转嫁"的人怨恨。想拜托人的人一定会说："是某某说请你帮忙比较好！"对方也就会知道是你干的好事。这么一来，那个人心里一定会想："可恶的家伙，竟然把讨厌的事推给我！"

尤其当需要帮忙的工作内容，是人人都不想做的事情的时候，这种惹来怨恨的可能性就愈高。所以，最好在多数人都知道"某某事情是某某最擅长的"这样的场合才用此招。

找个人替你说"不"，不伤大家感情

在拒绝他人的诸多妙法中，有一种比较艺术的方法就是推诿法。

所谓推诿法，就是以别人的身份表示拒绝。这种方法看似推卸责任，但却很容易被人理解：既然爱莫能助，也就不便勉强。

有个女孩子是集邮爱好者，她的几个好朋友也是集邮迷。一天，有个小朋友向她提出要换邮票，她不同意换，但又怕小朋友不高兴，便对小朋友说："我也非常喜欢你的邮票，但我妈不同意我换。"其实她妈妈从没干涉过她换邮票的事，她只不过是以此为借口，但小朋友听她这样一说，也就作罢了。

有时为了拒绝别人，可以含糊其词地推托："对不起，这件事情我实在不能决定，我必须去问问我的父母。"或者是："让我和孩子商量商量，决定了再答复你吧。"

这是拒绝的好办法，假装请出一个"后台老板"，表示能起作用的不是本人，既不伤害朋友的感情，又可以使朋友体谅你的难处。

人处在一个大的社会背景中，互相制约的因素很多，为什么不选择一个盾牌来挡一挡呢？如：有人求你办事，假如你是领导成员之一，你可以说，我们单位是集体领导，像刚才的事，需要大家讨论才能决定。不过，这件事恐怕很难通过，最好还是别抱什么希望，如果你实在要坚持的话，待大家讨论后再说，我个人说了不算数。这就是推托其词，把矛盾引向了另外的地方，意思是我不是不给你办，而是我决定不了。请托者听到这样的话，一般都要打退堂鼓。

一个年轻的物资销售员经常与客户在酒桌上打交道，长此以往，他觉得自己的身体每况愈下，已不能再像以前那样喝太多的酒了。可应酬中又是免不了要喝酒的，怎么办呢？后来他想到一个妙计。每当客户劝他多喝点的时候，他便诙谐地说："诸位仁兄还不知道吧，我家里那位可是一个母老虎，我这么酒气熏天地回去，万一她河东狮吼起来，我还不得跪搓衣板啊！"

他这么一说，客户觉得他既诚恳又可爱，自然就不再多劝了。

所以，如果难以开口的话，不妨采取这里所讲的方法，找一个人"替"你说"不"，这样所有的责任都可以推得一干二净，别人也不会对你有所抱怨。

第十二篇

宴请宾客，
善应酬才能左右逢源

找个好理由：勾起对方的胃，打开应酬的门

宴请是求人最常用的一种手段，恰当的宴请可以为成功社交提供条件、奠定基础。

刘强是刚毕业的大学生，初入职场的他和办公室里元老级的同事总有些不合拍，连科长都说他有些木讷。办公室里的同事总能找到理由请客，科长也时不时欣然前往。而刘强更加被孤立，虽然他也在寻找请客的理由，以此期望拉近和大家的关系。

刘强没有女朋友，生日也还有半年多的时间，他实在找不到可以宴请大家的理由，又怕落个"马屁精"的称号。这天，刘强在路边的饭厅吃午餐，看到对面有个福利彩票销售点，很多人排着队在买彩票。马上灵光一闪，顿时想到一个好办法。

从那天，刘强开始买彩票，还有意无意将买来的彩票遗忘在办公桌上。刘强买彩票的消息，在同事间不胫而走。还没等大家把这个消息炒成办公室最热门话题，刘强一天早上郑重地宣布自己获得20000元的一个奖。下班了，同事和科长被请进了饭店，酒足饭饱后，刘强从大家的眼神里看到了认可和友好的神情。

从此以后，他也渐渐融入了办公室这个大集体，上司和同事对他伸出帮助之手。就连他以后结婚分房的事，也是科长和同事鼎力相助的结果。而这一切要谢就得谢那次虚拟的"中奖"啦。

可见，宴请别人一定要找个好理由，理由找好了，勾起了对方的胃，才能让对方欣然赴宴，从而打开

了应酬的大门，你的事情自然也就有希望了。

一般来说，宴请要根据办事的性质、对象而采取不同的方式发出邀请。如大多数学者、专家、领导等，工作忙、时间紧，对他们最好提前相约，以便他们做好工作调整、时间安排；如对某团体的要人，要公开邀请，甚至借助传播媒介，既能体现公正无私、光明磊落，又利于引起关注、促进宣传、扩大影响。

对别人发出邀请，或者采用开门见山式，例如，当你想邀请上级领导吃饭时，就可以直接说："请问是徐经理吗？我们现在在某某酒楼吃饭，过来认识几个朋友吧，我们等你来啊。"这种方式既显示出了关系的亲近，活跃气氛，又能使求人办事变得很自然。

或者采用借花献佛式，例如："陈工！今天获奖名单公布了，我中奖了！走吧，我们去庆祝庆祝！"然后在酒宴上再提自己求他所办之事，那个时候他的酒都喝了，哪好意思不帮你？

或采用喧宾夺主式，例如："哦！你中午没有时间啊？没有关系，这样吧，下午我去订个位置，然后晚上你带上你的家人，我们一起去吃怎样啊？晚上我给你电话哦！"这样发出去的邀请，别人就很难再有借口推辞了。你也就有了接近对方，求其办事的机会。

有人戏言："做事情离不开请客吃饭。"也许人们正是发现了请客吃饭是一种十分体面而又毫无风险的"创收手段"，所以请客的理由越来越多，五花八门。比如生日、乔迁、工作调动、开业典礼等都要请客，单是在孩子身上就有满月、百天、抓周、生日、上大学等多次请客的机会。甚至在求人办事时，也会找出好多理由宴请别人。

所以，要想把事办成，就要找一个好理由宴请所求之人。

摸清主角，点菜如同"点秋香"

宴请应酬中，点菜是摆在众人面前一道严峻的选择题。如果菜品安排太少，会怠慢客人；反之安排太多，则会造成浪费，引起他人误解。所以，点菜是一个人饮食文化修养的集中表现，是一项复杂的工作，值得大家探讨。

作为请客者，若时间允许，应等客人到齐之后，将菜单供客人传阅，并请他们来点菜。当然，如果是公务宴请，要控制预算，请客者最重要的是要做好饭前功课，选择合适档次的请客地点非常重要。如果由请客者个人来埋单，客人也不太好意思点菜，都会让请客者来做主。

如果你的上司也在宴席上，千万不要因为尊重他，或是认为他应酬经验丰富，酒席吃得多，而让他来点菜，除非是他主动要求，否则，他会觉得不够体面。

如果你是作为赴宴者出现在宴席上，在点菜时，不应该太过主动，而要让主人来点菜。如果对方盛情要求，你可以点一个不太贵、又不是大家忌口的菜，最好征询一下同桌人的意见，特别是问一下"有没有哪些是不吃的"或是"比较喜欢吃什么"，要让大家有被照顾到的感觉。点菜后，可以请示"我点了菜，不知道是否合几位的口味"，"要不要再来点其他什么"，等等。

点菜水平的高低直接影响进餐的心情和氛围，在点菜时一定要心中有数，牢记以下三条原则：

（1）一定要看人员组成，人均一菜是比较通用的原则。如果是男士较多的宴会可适当加量。同时，要看菜肴组合。一般来说，一桌菜最好是有荤有素、有冷有热，尽量做到全面。如果桌上男士多，可多点些荤食，如果女士较多，则可多点几道清淡的蔬菜。

（2）若是普通的商务宴请，可以节俭些。如果这次宴请的对象是比较关键的人物，则要点上几个够分量、拿得出手的菜。

（3）点菜前要对价格了解清楚，点菜时不应该再问服务员菜肴的价格，或是讨价还价，这样不仅会让你在对方面前显得有点小家子气，而且被请者也会觉得不自在。

中餐宴席菜肴上桌的顺序，各地不完全相同，但一般普遍依循下列六项原则：即先冷盘后热炒；先菜肴后点心；先炒后烧；先咸后甜；先味道清淡鲜美，后味道油腻浓烈；好的菜肴先上，普通的后上。而且，点菜也要遵循这个顺序。

此外，一般来说，入席后主人要先请主要客人点菜，其余的客人也要一一让到。客人往往不好意思点名贵的菜肴，于是，客人点完菜之后，全靠主人布局了。但在参加大型宴会时，菜肴是由主人事先安排好的。

宴请"地理学"，选择地点有门道

稍有经验的职场人都知道，一次成功的宴请，不仅要找到合适的理由让对方赴宴，更要选对合适的宴请地点，这样既可以勾起被邀请者的兴致，又可以让大家在愉悦的环境中享受宴请。

与人应酬之前，我们必须好好研究一下这种特定的"地理学"。通常，选择宴请的地点，要根据主人意愿、邀请的对象、活动性质、规模大小及形式、商谈的内容等因素来确定。一场宴会，你所宴请的对象可能不止一个两个，要想让一种宴会环境满足所有与宴者的心理要求是很难的，这就要求我们尽量满足大多数与宴者的客观要求。

为了表示主人对客人的敬重，宴请可选在传统名店或星级饭店，甚至专选四星级、五星级饭店中进行，为了显示主人的热情和主客之间亲密无间的情谊，有的宴请要安排在主人家里。邀请世界财富500强的跨国公司的总裁吃早餐，当然不能安排到街边的早点铺，甚至普通的酒店，甚至五星级酒店的大堂餐厅也不行。一般五星级酒店都有行政楼层，行政楼层都会有单独的餐厅、酒廊或会议室，安排在行政楼层的这些地方，既隐秘又安静，服务也远比在大餐厅里好。

同时，确定宴请地点时还应注意以下问题：

（1）询问你的客人是否有某些饮食方面的偏好，比如是否属于素食主义者或者是否爱吃鱼等，事前确保你选择的饭店符合客人的口味。

（2）选择大家都喜欢的地点就餐，重要的是让聚会中的每个人都有宾至如归的感觉。

（3）请熟悉的人去不熟悉的饭店，请不熟悉的人去熟悉的饭店。请熟人可以去以前没去过的饭店尝尝鲜、探探路等；而请不熟悉的和重要的客人要求对整个点菜、服务、质量等了然于胸，最好去熟悉的饭店。

（4）在确定宴请地点时，还要考虑周边环境、卫生、设施和交通状况等问题。

总之，选择应酬的场合是十分重要的，但并非一成不变，只要选择一个双方都适宜的地方，不论是办公室，还是酒楼、茶艺馆，都可以达到应酬的目的。

商务"概念饭"，吃得巧胜于吃得好

商务宴请虽然吃的是"概念饭"，但是用餐的地点和场合的选择是非常重要的，口味、环境、位置等，都是应考虑的要素。宴请时间可根据主办方的实际需要而定，但也应该根据客人的档期妥善安排，同时还应考虑参加人员的风俗习惯。总之，订餐标准的高低，直接影响宴会质量的优劣。

1.宴请重要客户要讲究档次

重要客户是公司利润的主要来源，更是公司稳定发展的基本保障。对于重要客户来说，东西好不好吃不那么重要，重要的是吃东西的环境和档次一定要高，要讲究排场。因为讲究排场才能说明对客户有足够的诚意和尊重。邀请重要客户吃饭，首选"大腕"餐厅或四星级以上的饭店。一般来说，海鲜类餐厅、日本料理、法式大餐等常是首选。在国内，这些字眼儿几乎代表了餐厅的高档和菜品的考究。上述饭店通常环境高雅，装修豪华气派、富丽堂皇。而且，这些地方还有舒适的单间、雅座，保证你与客户的沟通不会受到外界的干扰。

2.对待老客户要讲究情绪的渲染

一般来讲，跟"朋友"客户吃饭没有那么多的讲究，选择中档餐厅就可以了，但务必要口味地道、环境卫生。同时，毕竟是生意上的合作伙伴，所以，在宴请时仍然要让对方感受到你的诚意。如果双方关系足够亲密，不妨邀请他到自己家中吃"家宴"，经济实惠，环境也肯定比餐厅要自由放松得多。对于双方来说，"家宴"更能加深了解和友谊，是简单却绝好的选择。

3.对待未来客户要讲究舒适

如果是对待未来客户，那么一定要讲究舒适。未来客户是生意场上的潜在客户，他们可能今天还不是你的财富来源，但是明天就可能让你赚到钱。对于潜在客户来说，接触、交往和交流显得更为重要。比如通过商务宴请，让双方放下戒备，敞开心扉。所以，定期宴请未来客户不失为一个好选择。

对于未来客户，尤其是不了解他对你将会有多大价值时，你可能不大愿意为宴请而抛重金，像对待重要客户那样讲究档次和排场。但是，在宴请的安排上也要真诚相待，档次不能过低，或者为了节约而选择环境差、卫生标准低、交通不便的场所。所选餐厅的位置最好有利于客户出行，不太好找的地点最好就不要去了。对于菜品，可以不太贵，但应力求做到新鲜和独特，比如尝试一下新开的风味餐馆，品尝新推出的菜品，都是经济实惠的选择。

此外，邀请客户共进商务餐，有些注意事项万万不可忽视。

（1）邀请：尽量不要邀请你的爱人，因为他不是所有人都认识，你会整晚都处在他们之间。如果你跟你的爱人并非从事同一个职业，还是不要带他去了。

（2）迎客：如果你先到，那就应该让客户有宾至如归之感。进入酒店要以目光和手势示意客户，请他走在前面，同时可以配合语言提示："刘经理，您先请！"

（3）点菜：客人一般不了解当地酒店的特色，往往不点菜，那么，你可以请服务生介绍本店特色，但切不可耽搁时间太久，过分讲究点菜反而让客户觉得你做事拖泥带水。点菜后，可以询问对方"不知道点的菜合不合您的口味？""有什么不合适的尽管说""您看看还需不需要再来点儿别的"，等等。如果事前能与酒店打电话联络，提前拟定菜单，那就更周到了。

（4）结账：不要让客户知道用餐的费用，否则也是失礼的。因为无论贵贱，都是主人的心意。

结尾应酬好，钓条长线大鱼

俗话说，"编筐编篓，重在收口"。宴会也不例外。宴会虽然结束了，但这并不意味着你就可以完全放松下来了，你还需要做好很多细节性的事情，才能让你的好形象留在宴请对象心里。有很多人就是因为不重视宴会结束时的几个小细节，因此使得自己之前费尽心思保持的好形象瞬间崩溃。

那么，宴会结束时应该注意哪些细节呢？

1.宴会结束的时间

一般说来，当主人把餐巾放在桌子上或者从餐桌旁站起身来，即表明宴会结束。只有看到这种信号以后，宾客才可以把自己的餐巾放下，站起身来。

正餐之后的酒会的告辞时间按常识而定，如果酒会不是在周末举行，那就意味着告辞时间应在晚间十一时至午夜之间。若是周末，则可晚一些。除非客人是主人的亲密朋友，否则一般都不应在酒会的最后阶段还坐在那里。

2.离席的先后顺序

当宴会结束，离开餐桌时，不应把座椅拉开就走，而应把椅子再挪回原处。男士应该帮助身边的女士移开座椅，然后再把座椅放回餐桌边。要注意，有些餐厅比较拥挤，贸然起身，或使手提包、衣服等掉落在地上，或是碰到人，打翻茶水、菜肴，失礼又尴尬！离席时让身份高者、年长者和女士先走，贵宾一般是第一位告辞的人。

3.热情话别

当宾客离去时，宴会主人应像迎接宾客一样地站在门口与他们一一握别。当宾客成群离去时，也应送至门口，挥手互道晚安，并应致意说："非常感谢各位的光临，真谢谢你们把宴会的气氛维持得这样好。"不要以时间过早挽留客人，如果是星期天晚上，你尤其不宜说："现在还早得很，

你绝不能这么早走，太不给我面子了！"要知道多数人次晨都要早起。对于迟迟还不离去的客人，他们明显地热爱这气氛，这时你可停止斟酒或停止供糖果瓜子等，以此暗示客人该是离去的时候了。

此外，有的主人为每位出席者备有一份小纪念品。宴会结束时，主人招呼客人带上。不过，除主人特别示意作为纪念品的东西外，各种招待品，包括糖果、水果、香烟等客人都不能拿走。

敬酒分主次，谁也不得罪

宴请别人时，为了表示自己的诚意，就需要向别人敬酒。可敬酒是一门学问，敬对了人家高兴，捧你的场，买你的面子；敬错了，即便人家当时不翻脸，但事后弄不好就是要结怨的。

一般情况下，敬酒应以年龄大小、职位高低、宾主身份为序。我们要遵循先尊后长的原则，按年龄大小、辈分高低分先后次序摆杯斟酒。

另外，在同领导一起喝酒时，最大特点就是秩序，这跟开会一样，职务级别高的自然上座，然后按级别、所在部门依次落座。敬酒的次序仍依座位次序进行。做下属的在敬酒时是机遇与挑战并存，所谓机遇是零距离接触领导，是接近领导的绝好时机；所谓挑战是因为人一喝酒思维和平时就不一样，搞不好也是最容易得罪领导的时候。敬酒前一定要充分考虑好敬酒的顺序，分清主次，即使与不熟悉的人在一起喝酒，也要先打听一下身份或是留意别人如何称呼，这一点心中要有数，避免出现尴尬或伤感情。

敬酒时一定要把握好敬酒的顺序。有求于席上的某位客人，对他自然要倍加恭敬。但是要注意，如果在场有更高的身份的人或年长的人，则不应只对能帮你忙的人毕恭毕敬，要先给尊者、长者敬酒，不然会使大家都很难为情。

与此同时，酒宴是联络和增进感情的重要场所，通过向同级、上级或下级敬酒能够促进双方的情感交流，使彼此的关系更密切、更稳固。一般来说，如果敬酒本身真的能够达到这个目的的话，对方是不会轻易拒绝的。针对这种心理，在敬酒时你可以充满感情地强调一下自己与对方的特殊关系，使敬酒成为两人之间独特的情感交流方式。

再有，祝愿是对未来的美好期望，听到别人真诚的祝愿很容易让人快乐，可以结合被劝对象的实际情况来说一些良好的祝愿。如是生意人，可祝其"生意兴隆通四海，财源茂盛达三江"；若是老人，则可祝其"福如东海长流水，寿比南山不老松"；若是机关干部，则祝其"步步高升"；若是新婚夫妇，则可祝其"早生贵子，百年好合"；若在新年，则更多了，如"新春快乐、万事如意、阖家幸福""祝你一帆风顺，二龙腾飞，三阳开泰，四季平安，五福临门，六六大顺，七星高照，八面来财，九九同心，十全十美，百事亨通，千世吉祥，万事如意"……

简而言之，酒杯对酒杯，心口对心口，滚烫的感情便挡也挡不住，交情也随着酒的醇香而逐渐加深。

把盏不想强欢笑，巧妙拒酒显风流

在举行宴会时，少不了这样一个场面：大家都乘兴举杯而饮。但由于每个人的酒量都有一定限度，如能喝得适量自然是有益无害的。因此，面对对方的盛情相劝，被劝酒者还需巧妙地拒绝，否则自己就要遭罪了。

庞梅梅是公司的策划部经理，平时和客户打交道很多，许多公司安排的酒宴上都会安排她和市场部经理一起出席，以便和客户进一步沟通策划方案细节。刚开始参加这种酒宴的时候，客户每次敬酒，庞梅梅都不好意思拒绝，被客户灌醉，常常误了正事。市场部经理大为不满，庞梅梅自己也觉得委屈。

庞梅梅把这事向好友抱怨，好友却说她酒量不好就该拒绝，不能逞强，不仅对自己身体不好，还误了正事，出力不讨好。在酒宴久经沙场的好友就教了她几招拒酒法。在后来的酒宴中，庞梅梅就很少出现被灌醉的事情了。

可见，学会巧妙地拒酒，不但使自己免受肠胃之苦，而且不会让对方觉得你不给面子，更不至于伤了和气，坏了事情，真正达到"杯酒也尽欢"的和谐局面。

这里，向大家介绍几种不错的拒酒方式：

1.提及过度喝酒后果

作为被动者，当酒量喝到一半有余时，应向东道主或劝酒者说明情况。如："感谢你对我的一片盛情，我原本只有三两酒量，今天因喝得格外称心，多贪了几杯，再喝就'不对劲'了，还望你能体谅。"如此开脱以后，就再也不要喝了。这种实实在在地说明后果和隐患的拒酒术，只要劝酒者明白"乐极生悲"的道理，善解人意者，就会见好就收。

2.把身体健康作为挡箭牌

喝酒是为了交流情感，也是为了身心的愉悦。如果为了喝酒而喝酒，以至于折腾了身体、损害了健康，这是谁都不愿意看到的。因此，我们可以以身体不舒服或是患有某种忌酒的疾病（如肝脏不好、高血压、心脏病等）为理由拒绝对方的劝酒，这样对方无论如何是不好再强求了。

3.挑对方劝酒语中的毛病

对方劝我喝酒，总得找个理由，而这理由有时是靠不住的。特别是一些并不太高明的劝酒者，其劝酒语中往往会有不少漏洞可抓。抓住这些漏洞，分析其中道理，最后证明应该喝酒的不是我方，而是对方，或者是其他人，总之到最后不了了之。只要这漏洞抓得准，分析得又有理有据，那么对方就无话可说，只好放弃了这位难对付的"工作对象"。

4.以家人不同意为由

一般来说，以爱人的禁止为由拒酒往往容易让对方觉得你在找借口推托，这是因为他想象不到这个问题对你有多么严重。因此，你必须在拒酒时讲得真实生动，把自己不听"禁令"的　后果展示一番，让对方感到让你喝酒真的是等于害了你，那么他也就停止劝酒了。可以说，把理由讲得

真实可信是使用此方式拒酒的关键之处。你可以说："我爱人一闻我满口酒气就和我翻脸。我不骗你，所以你如果是真为我着想，那我们就以茶代酒吧！"这样一说，对方也就无话可说了。

学会了以上四个拒术，你也就从此免除了酒精对你身体的深入荼毒，顺利达到"杯酒也尽欢"的境界，完成了一次宾主尽欢的宴会应酬。

酒桌上，会听话更要会说话

酒作为一种交际媒介，在迎宾送客、结婚生子、朋友聚会、传递友情、求人办事等方面都发挥了独到的作用。在中国，几乎做任何事情都少不了要请客吃饭。

在酒桌上，大家伴随酒精的刺激，很容易情绪高涨畅所欲言。每个人都有说不完的话题，真的、假的、虚的、实的、心里的、心外的，该说的、不该说的……弄不好都会毫无防备地倒出来。但正是因为毫无防备，所以有时能让有心人演绎出问题，甚至严重到要刀戈相向。

所以，无论是宴请他人，还是自己赴宴，探索一下酒桌上说话的"奥妙"都是很有必要的。总体来讲，在酒桌上说话时，以下几点必须注意：

1.说话紧扣宴会主题

一般说来，一个酒宴总有一个中心话题。一旦开始祝酒，要沿着一个中心话题，尽量要让大家都能举起酒杯，最好还要把你所祝愿的那个人或那些人的名字准确无误地、牢牢记在脑子里。你的主题可以着眼于被祝愿的人的成就或品质、一件事情的重要意义、伙伴

们的乐事、个人的成长或集体工作的益处，等等。

2.独乐不如共乐，忌窃窃私语

大多数酒宴宾客都较多，所以应尽量多谈论一些大部分人能够参与的话题，得到多数人的认同。由于个人的兴趣爱好、知识面不同，因此话题不要太偏，避免出现唯我独尊、神侃无边的现象，而忽略了众人。特别是尽量不要与人贴耳小声私语，给别人一种神秘感，这样往往会让人产生"就你俩好"的嫉妒心理，影响宴会的效果。

3.语言诙谐幽默

酒桌上可以显示出一个人的才华、学识、修养和交际风度，有时一句诙谐幽默的语言，会给别人留下很深的印象，使人无形中对你产生好感。但是在一些正式场合还是需要有所顾忌，如"客人喝酒就得醉，要不主人多惭愧""喝酒不喝白，感情上不来""量小非君子，无毒不丈夫""人在江湖走，哪能不喝酒""宁可胃上烂个洞，不叫感情裂条缝"等内容，虽然语言诙谐，或许能起到调节宴会气氛的效果，但因为格调不高，还是不用为妙，否则只能让在座人士对你的印象大打折扣。

4.在交谈中察言观色

要想在酒桌上得到大家的赞赏，就必须学会在交谈中察言观色。因为与人交际就要了解人心，只有左右逢源，才能演好酒桌上的角色。

总之，在酒桌上把话说好才能办成事，不顾后果的胡言乱语只会坏事。

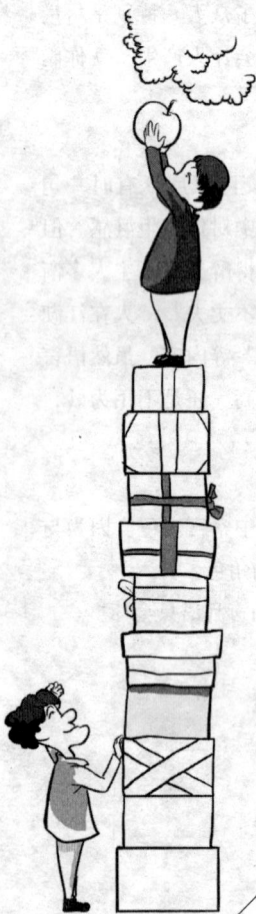

第十三篇

求人办事，活用心理策略获取对方帮助

让自己看起来像个老板，他会觉得为你办事踏实

办事时，如果你要想让别人重视自己，你就要有一些让人信任的表现。在人们的心目中，大老板总是比平民百姓容易让人信任。不管大老板出现在哪里，人们总是对他们特别信任。所以，你为了使自己办起事来更为顺利不妨做个修饰，使你自己像个大老板，你可以参考下面的做法：

1.你要显得充满信心

为了使你显得出类拔萃，你可以常用肯定的表情，常微笑而不常皱眉，常开怀大笑而不常阴险冷笑。说话时不要吞吞吐吐，因为这让人觉得你不够坦率，欠缺潇洒。要常提对方的姓名，给人亲切感。让别人多谈自己，这是人们最喜欢的话题，对方也会因此而喜欢你。要学会尊重别人，要同情别人的困境，使别人不要难堪。要学会不嫉妒别人，显示你有宽阔的胸怀。会调侃自己是对自己有信心的表现。平常要多运动，使你精神饱满，头脑灵活。你还要相信自己一定会成功，这样不会甘心一辈子只当个小角色。要注意服饰，例如配上鲜艳的领带，配点小装饰，都让人觉得你很醒目。要让自己身上散发似有似无的某种清香，例如刮完胡子后，搽点润肤水。人的嗅觉是很灵敏的，而且对人的感觉影响比较大，所以你身上若散发出某种清香，可给人留下深刻印象。走路时要抬头挺胸，显得很自信。讲问题时可以卖卖关子，别一下捅破，让别人来问你。有条件的话学一门专长，如精通某一段历史、会演奏某种乐器等都是出众的本钱。最起码你要说话清楚，别让人觉得你老是喃喃自语，也别常带口头语。

2.要诚恳地对待别人

你要知道，实话也会伤人。所以说实话也要讲究技巧。要信守诺言，尽量不言而无信。前提是许诺要慎重，不轻易放弃原则。要有自己的见解，若人云亦云，别人不会认为你很真诚。要平等待人，无论是谁都要给予尊重，如果你对上司摇头摆尾，对下属却摆出一副冷面孔，人家会怎么看你？不要装模作样，这很容易被人看穿。要以本色示人，不要怕承认缺点，敢于面对自己的弱点，最易赢得别人的信赖。

3.不要让人觉得你正处在紧张的状态中

要克服紧张，首先要弄清自己在什么场合容易紧张，例如走进正在开会

的房间，在上司面前等。你可以故意多到这种场合去，习以为常则见怪不怪了。或者练一套放松体操，坚持每天上床前练习，必有收效。也可以在手腕上套一根橡皮圈，感到自己又要紧张了，悄悄拉几下。

如果要克服紧张时的习惯动作，先要知道自己的习惯动作是什么。习惯动作都是无意识的，不知不觉中做出来的，所以必须留意才能察觉。还要弄清在什么情况下容易出现这种动作。然后再有意识地克服这习惯性动作。同时克服自己的习惯性动作要有毅力，别指望长期养成的习惯一朝一夕就可以改掉。

4.注意细节修饰

为了使自己看起来更向老板迈进一步，你还必须注意服装配饰等的细节问题。如果一套笔挺的西装，里边却有一个肮脏的衣领，对方一定不会感到舒服。袜子也是一样，你坐着与人谈话时，脚会不自觉地伸出去或跷上来，袜子也就会暴露在人前，如果不干净、不整洁就会让人反感。

头发、牙齿、胡子也是应该经常修饰的部分。头发一定不要过长，否则就容易乱，容易脏，要按时理发，使自己的头发保持一个精神的式样。胡子要经常刮，牙齿要经常刷，口中不要有异味，尤其在出去谈判时一定不要吃有异味的食物。这么认真苛刻地对待自己的外表，也是你对对方的一种尊重。

如果你与对方谈判或请对方为你办某件事情的时候，衣衫不整、头发蓬乱，对方会感到不舒服，瞧不起你。对于自己的细节要时时注意，因为这些细节蕴含着丰富的内容。比如，像公文包、钢笔、笔记本、名片夹、手表、打火机等最好都要讲究些。

总之，尽可能地采取一些措施，让自己看起来像一位很有作为的老板，然后你再同别人办事时，就有了很大的把握和胜算。

满足对方心理是求其办事最好的铺垫

中国有句俗话，叫"篱笆立靠桩，人立要靠帮"。一个人要想一生有所成就，就必须有求人办事的能力。这个话题，说起来很简单，可真正实施起来，又有多少人能轻松得手呢？我们常能听到这样的唠叨，"低三下四求人也未必求得动""软磨硬泡就算求动了人家也是不情愿，根本不会给你好好办"……

难道我们就不能让人家心甘情愿地帮忙吗？当然不是了。有求于人，你必须明确，要对方帮你，唯一有效的、事半功倍的方法就是使他自己情愿。那么，我们怎样才能让他人心甘情愿地"为我所用"呢？这就需要心理技巧了。

人的需要是各不相同的，每个人都有各自的癖好与偏爱。你首先应当将自己的计划去满足别人的心理，然后你的计划才有实现的可能。

例如，说服别人最基本的要点之一，就是巧妙地诱导对方的心理或感情，以使他人就范。如果你特别强调自己的优点，企图使自己占上风，对方反而会加强防范心。所以，应该注意先点破自己的缺点或错误，使对方产生优越感。

关于这一点，曾有一个非常有趣的故事。

有一位年轻人是美国有名的矿冶工程师，毕业于美国的耶鲁大学，又在德国的佛莱堡大学拿到了硕士学位。可是当年轻人带齐了所有的文凭去找美国西部的一位大矿主求职的时候，却遇到了麻烦。原来那位大矿主是个脾气古怪又很固执的人，他自己没有文凭，所以就不相信有文凭的人，更不喜欢那些文质彬彬又专爱讲理论的工程师。当年轻人前去应聘递上文凭时，满以为老板会乐不可支，没想到大矿主很不礼貌地对年轻人说："我之所以不想用你就是因为你曾经是德国佛莱堡大学的硕士，你的脑子里装满了一大堆没有用的理论，我可不需要什么文绉绉的工程师。"聪明的年轻人听了不但没有生气，反而心平气和地回答说：

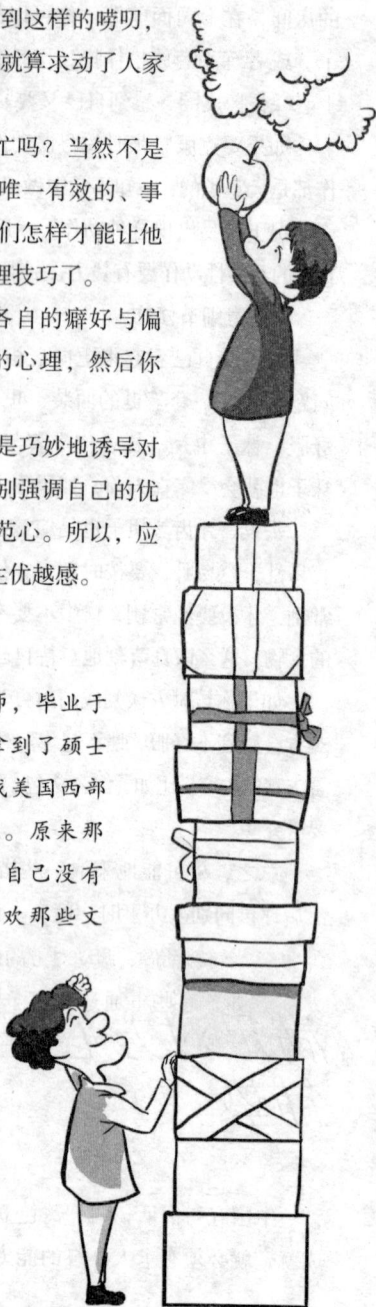

"假如你答应不告诉我父亲的话，我要告诉你一个秘密。"大矿主表示同意，于是年轻人对大矿主小声说："其实我在德国的佛莱堡并没有学到什么，那三年就好像是稀里糊涂地混过来一样。"想不到大矿主听了却笑嘻嘻地说："好，那明天你就来上班吧。"就这样，年轻人在一个非常顽固的人面前通过了面试。

或许你觉得那个大矿主心理有问题，观念比较偏激、夸张，甚至有些滑稽，可年轻的工程师若不让矿主的"问题心理"得到满足，又怎么能让他聘请自己呢？

美国著名政治家帕金斯30岁那年就任芝加哥大学校长，有人怀疑他那么年轻是否能胜任大学校长的职位，他知道后只说了一句："一个30岁的人所知道的是那么少，需要依赖他的助手兼代理校长的地方是那么的多。"就这短短一句话，使那些原来怀疑他的人一下子就放心了。人们遇到了这样的情况，往往喜欢尽量表现出自己比别人强，或者努力地证明自己是有特殊才干的人，然而一个真正有能力的领袖是不会自吹自擂的，所谓"自谦则人必服，自夸则人必疑"就是这个道理。

在办事过程中，你要努力做到这点——先在心理上满足对方，这样事情就会变得简单、顺利多了。

适当转移话题，调动对方的谈兴

适当转移话题，调动对方的谈兴，也是求人办事过程中常用的一种方法。

比如，有些事通过直言争取对方的应允已告失败，或在自己未争取之前就已经明确了对方不肯允诺的态度，在这种情况下，就应该采取委曲隐晦、转移话题的办法了。"委曲"就是不直接出面或不直取目的，绕开对方不应允的事情，通过另外一个临时拟定的虚假目的做幌子，让对方接受下来，当对方进入自己设定的圈套之后，自己的真实目的也就达到了。所谓"隐晦"就是掩盖自己的真实目的，以虚掩实，让对方无从察觉。表面上好像自己没有什么企图，或者让对方感到某种企图并非始于自己，而是另外一个人。这样，对方可能就不再有戒备和有所顾虑，要办的事情处在这种无戒备和无顾虑的状态中显然要好办得多了。

委曲隐晦的最大特点就是含而不露或露而不显，在具体运用时有些小窍门需要认真领悟。

在运用这种技巧时，说话者首先要了解听者的心理和情感，这是说者必须掌握的说话技巧的基础。我们也只有在了解听者的心理和情感的基础上，才能正确地选择某个场合该讲什么，不该讲什么，哪些话题能够打动听众的心坎，能使听众产生共鸣。

人的情感是一种内心世界的东西，一般是捉摸不定，较难把握的。但是，在有些场合，人的内心的东西又常通过各种方式而外露。如果我们善于观察听者的一举一动，并能据此加以分析和推测，那么，我们是基本上可以掌握听者的心理和情感的。

某中学老师悉心钻研中国古典文学，出版了一本近20万字的有关诗歌的书籍。该校的文学社小记者得到情况后就到这位老师家采访。让老师介绍写书经验，只见那位老师面带难色，认为只是一个专题学习，谈不上什么经验。

小记者抬头望着墙上的隶书说："老师，这隶书是您写的吧？"

老师："是的！"

小记者："那么请您谈谈隶书的特点，好吗？"

这正是老师感兴趣和愿意谈的话题，师生之间的感情逐渐变得融洽起来。

这时，小记者不失时机地说："老师，您对隶书很有研究，我们以后还要请您多加指导。不过，我们现在十分想听听您是怎样写成《中国诗歌发展史》这一书的。"此刻，老师深感盛情难却，也就只好加以介绍了。

由此可见，当某个话题引不起对方的兴趣时，要有针对、有选择地挑选新的话题，以激起对方的谈兴。如同运动员谈心理与竞技的关系，同外交人员谈公共关系学，两人肯定会一拍即合，谈兴大发。

值得注意的是，换题以后，劝说者还要注意在适当时机及时将话头引入正题。因为换题只是为了给谈正题打下感情基础，而非交谈的真正目的，所以，当所换之题谈兴正浓，双方感情沟通到一定程度时，劝说者就要适可而止，将话锋转入正题。

20世纪80年代，广东省某玻璃厂就玻璃生产的有关事项同国外某玻璃公司进行谈判。在谈判过程中，双方在全套设备同时引进还是部分引进的问题上发生分歧，各执一端，互不相让，使谈判陷入僵局。在这种情况下，我方玻璃厂的首席代表为了使谈判达到预定的目标，决定主动打破这个僵局。可是怎么才能使谈判出现转机呢？谈判代表思索了一会儿，带着微笑，换上一种轻松的语气，避开争执的问题，向对方说："你们公司的技术、设备和工程师都是一流的。用一流的技术、设备与我们合作，我们能够成为全国第一。这不单对我们有利，而且对你们也有利。"

对方公司的首席代表是位高级工程师，一听到称赞自己公司的技术、设备和工程技术人员，十分高兴，谈判的气氛一下子就轻松活跃起来了。我方代表看到对方表示出兴趣，则趁势将话题又一转，说道："但是，我们厂的外汇的确有限，不能将贵公司的设备全部引进。现在，我们知道，法国、比利时和日本都在跟我们北方的厂家搞合作，如果你们不尽快跟我们达成协议，不投入最先进的技术和设备，那么你们就可能失去中国的市场，人家也会笑你们公司无能。"

由于我方代表成功地奏出投其所好、开诚布公、国际竞争扭转局面的三部曲，使双方的僵持局面完全被打破，在和谐的气氛中，双方在一个新的起点上进一步讨论，最后终于达成了对我方有利的协议。

因此，当你与别人办事进入某种僵局时，你最好采取适当转移话题的办法，从另一个角度同对方谈话，以此调动对方的谈兴。在不知不觉中，你再把话题拉回来，顺利办成你想办之事。

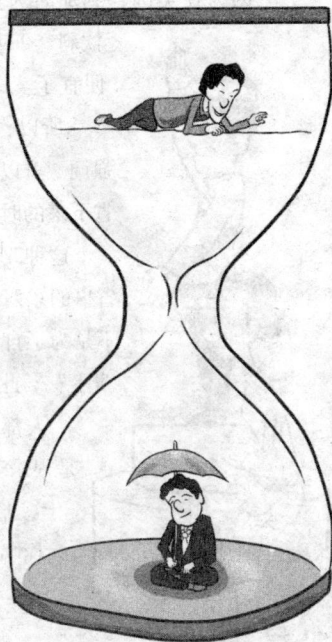

"理直气壮"的理由对方更容易接受

　　求人办事也要名正言顺，要有个理由，有个说法，给个交代，或找个借口，做个解释。在求人的理由上做文章，实际上就是为自己的求人办事寻找个好借口。

　　人类是理性的动物，不论什么事情，希望能给别人个说法。即使是个无赖之人，也不愿让人说自己无理取闹，他们总会有自己的"歪理"；皇帝杀臣下、除异己，也得给文武大臣有个解释，真是"欲加之罪，何患无辞"，在求人办事中，我们也总要为自己找个借口。借口随处都需要，只是编造技术有好有赖。

　　找人办事总是要找一定理由的，但具体应该怎样找理由就应该多下一番功夫了。

　　以广告人为例，他们可以说个个都是找借口的高手，当速溶咖啡在美国首度推出时，曾有这样一段故事。公司方面本来预测这种咖啡的"简单""方便"会大受家庭主妇的欢迎。没想到事与愿违，其销售并无惊人之处。姑且不论味道问题，大概是因为"偷工减料"的印象太强的关系。因为在美国，到那时为止，咖啡一直都是必须在家里从磨豆子开始做起的饮料，只要注入热水就能冲出一大杯咖啡来，怎么看都太过便宜了。

　　所以，厂商便从"简单""方便"的正面直接宣传，改为强调"可以有效利用节省下来的时间"的广告战略——"请把节省下来的时间，用在丈夫、孩子的身上。"

　　这种改变形象的做法，去除了身为使用者的主妇们所谓"对省事的东西趋之若鹜"的内疚。因为"我使用速成食品，一点也不是为了自己的享乐，而是因为可以把节省下来的时间用到家人身上"。此后，销售量年年急速上升，自是不在话下。

　　人都是这样，办事情讲究名正言顺，你给他一个名，他是很乐于做些事情的，尤其是事情对自己有利的时候。实际上，嗜酒者从不主动要求喝酒，却以"只有你想喝，我陪你喝"，或者"我奉陪到底""舍命陪君子"这类借口

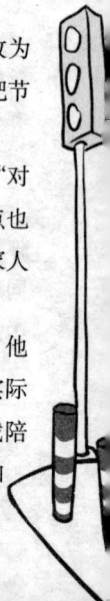

来达到心愿，表面上既不积极，也不干脆。

如果你想在交际中如鱼得水，就一定要擅长这方面，即在办某件事时总要找个理由作为依托，这样才算圆满。而且在这种理由的掩盖下，即使他知道自己的责任，也会一味推卸。利用人们的这种心理，先替对方准备好借口，对方就不会再推辞。比如，送礼给人时，先要说："你对我太照顾了，不知如何感激，这是我一点小意思，请您接受。"由于有了借口，所以对方减少了内疚意识，定会欣然接受礼物。

总之，在求人办事时，先在理由上做足文章，为办事找个台阶。

不好意思直接开口求人，可借他人之口

有事情想求别人帮忙，但由于很多原因，你又不好直接开口说，这种情况下，你不妨借别人的口，说自己的话。事实证明，这是求人办事的一个重要的技巧。难堪的事经由"我听人说"一打扮，就变得不再尴尬；有风险的话，通过别人传过去，便有了进退的余地；不想或不便直接面对的人，也可经第三者从中周旋，穿针引线，解决问题。有这样一个例子。

一个推销百叶窗帘的推销员偶然得到一条消息：某公司要安装百叶窗帘，而且其经理和某局长又是老相识，这位推销员灵机一动，就想出了一个接近对方的好办法。于是他便打听到这位经理的所住之处，然后提着一袋水果前去拜访。在彼此都介绍之后，推销员这样说道："这次能找到您的门，实在是多亏了刘局长的介绍，他还请我替他向您问好呢⋯⋯"

"说实话，第一次与您见面就十分高兴⋯⋯听刘局长说，你们公司现在还没有装百叶窗帘⋯⋯"

第二天，百叶窗帘一事自然就成交了。这位推销员的高明之处就是他有意地撇开自己，借"刘局长介绍"，来说出自己的目的，这种很巧妙地借他人之力的方法，让对方很快就接受了他的请求。

社会本来就纷繁复杂，虚虚实实、真真假假，谁又能去时刻提高警惕辨别真假呢？因此这就为那些懂得留心的人创造了绝佳的机会。

某天下午，李刚来到他的一个朋友的朋友家中，并且还带来了朋友的一封介绍信。他们彼此一番寒暄客套之后，李刚接着说："此次真是幸会啊，因为我们赵科长极为敬佩您的才华，叮嘱我若拜访您时，务必请您在这本书上签下名……"边说边从公文包里取出这位朋友最近出版的一本新书，于是这位朋友不由自主地便信任起李刚来。

在这里，赵科长的仰慕和签名的要求只不过是一个借口，李刚的目的是想对这位朋友进行恭维，使他高兴。

而李刚使用这种巧妙的方法有意撇开自己，用"我的上司是您的忠实读者"这种借他人之口，传自己之意的方法，就比"我崇拜您"来得更巧妙、更有效，同时，又不显露出自己的故意谄媚，因此，更容易使人接受。尤为高超的是，他已将这位朋友的书提前准备好了。

像这种求人的高明手段，确实是让人难以招架，更不失为一个求人办事的好方法。

对于两个素不相识，陌路相逢的人来说，你求他办事的原因是你与他是朋友的朋友、亲戚的亲戚，显然这是十分牵强的。但是，一般人是不会不给朋友面子，也不至于让你吃闭门羹的。而这个方法是你求人的一条捷径。

在求人的时候通过第三者的话，用来传达自己的心情与愿望，这在求人过程中也是一件很正常的事情。有时人们会不自觉地发挥这一技巧。比如说："我听同学王林说，你是个特别热心的人，求你办事准错不了……"但是要当心，这种话不能说得太离谱了，不然就有可能会闹出笑话。有必要的时候最好是事先做一些调查和研究。

比如，为了事先了解对方，可向他人打听有关对方的情况。第三者提供的情况是很重要的，尤其是与被求者的初次会面有重大意义时，更应该尽可能多地收集对方的资料。但是，对于第三者提供的情况，也不能全套照搬，还要根据需要有所取舍，配合自己的临场观察、切身体验灵活引用。同时，还必须切实弄清这个第三者与被求者之间的关系。这一点非常重要，不然说不定效果适得其反。

没话的时候要找话说，制造融洽氛围

在办事儿过程中，与人谈话时要善于寻找话题，也就是要学会没话找话说的本领。

所谓"找话"就是"找话题"。写文章，有了个好题目，往往会文思泉涌，一挥而就；交谈，有了好话题，就能使谈话融洽自如。好话题，是初步交谈的媒介、深入细谈的基础、纵情畅谈的开端。好话题的标准是：至少有一方熟悉，能谈；大家感兴趣，爱谈；有展开探讨的余地，好谈。

但值得注意的是，那种不分场合地说三道四或不分形势地东拉西扯、没话找话是十分让人反感的，势必令人不愉快。但事无绝对，求人办事时，如果掌握住一定的原则，没话找话说一样能够融洽气氛。这两条原则如下：

1.兴趣原则

你找别人办事有时需要从一个话题入手，这种时候自己感兴趣而对方不感兴趣的话题应该少谈或不谈。比如对方对足球既不爱好，又不感兴趣，你却滔滔不绝说得津津有味，他不仅插不进话，相反让他感到厌恶；对方感兴趣而自己不感兴趣的话题，应该适时暗示，可以利用对方谈话中的基本内容，把话题顺势转移开去，也可以借用对方谈话中的某个细节，把话题转移到别的内容上去。对于双方都有兴趣的话题，则不应轻易偏离，要相互补充、相互渗透。

2.注意相似因素

人们都喜欢同在某方面或多方面与自己相似的人说话。比如，你在外地碰到同一地域的人，你操家乡口音，对方会感到亲切，因为文化背景相同。在年龄上，老年人爱与老年人做伴，青年人爱与青年人交往，这是由于年龄相似，彼此的兴趣爱好和节奏都容易协调。如果你与所要交谈的对象年龄上差距过大，作为主动者，你应力求找出与对方年龄结构相符合的话题。与社会地位与经济条件不如自己的人交谈，千万不能闭口摆架子，张口摆阔气，否则，势必使对方产生逆反心理和不满情绪，出现话不投机半句多的局面。

人类学家沙勃说过："社会是人际关系的联络网，主要靠沟通活动来维持。"人不可能时时处处都置身于熟人圈中，应该认识到，一个人在熟人圈里需要交际，在陌生的环境中也需要沟通。像上述场合之中，"没话找话"既能避免冷场，使气氛和谐，更能使生人变熟人、路人变朋友。

当然这种初次交往中的没话找话，又必须找得准确，说得得体，说得有情感。白居易说："动人心者莫先于情。"与人交谈，要使"快者掀髯，愤者扼腕，悲者掩泣，羡者色飞"，唯有炽热的感情。倘若你自身对所谈的内容缺乏热情，语气显得冷漠，无动于衷，你又怎能感染对方，激起对方心灵的共振呢？

此外，和陌生人成为朋友，是锻炼没话找话说的好途径，是扩大横向联系的机会，是求知学习的好渠道，这不失为提高办事能力的好办法。

以礼相待，多用敬语好求人

求人办事过程中，无论双方的地位高低，年纪大小，长辈晚辈，在人格上都是平等的。所以，切不可盛气凌人、自以为是、唯我独尊。谈话时，要把对方作为平等的交流对象，在心理上、用词上、语调上，体现出对对方的尊重。尽量使用礼貌语，谈到自己时要谦虚，谈到对方时尊重。恰当地运用敬语和自谦语，不仅可以显示你的个人修养、风度和礼貌，而且有助于你把事情办成。

例如，在外出办事时，如果双方约定见面又有其他人在场，主人为你介绍时，你应当如何表示才算合乎礼节呢？一般说来，介绍时彼此微微点头，互道一声：某某先生（或小姐）您好！或称呼之后再加一句"久仰"便可以了。介绍时你还应该注意，如果你是坐着的，那你就应该站起来，互相握手。但如果相隔太远不方便握手，互相点头示意即可。随身带有名片的此时也可交换，交换时应双手奉上，并顺便说一声"请多多指教"之类的客套话。接名片时也应用双手，并礼貌地说一声"不敢当"等，自己若带着也应随后立刻递给对方。如果你是介绍人，介绍时就务必要做到清楚明确，不要含糊其词。比如，介绍李先生时最好能补上一句"木子李"或介绍张先生时补一句"弓长张"，等等，这样使对方听起来更明确，不容易发生误会。如果被介绍的一方或双方有一定的职务时，最好能连同单位、职务一起简单介绍。像"这位是某某公司的业务经理某某同志"，这样可使对方加深印象，也可以使被介绍者感到满意。

还有，如果你外出、旅游或者初到一个陌生的地方，可能会有地址不清或对当地的风俗习惯不了解，这就需要询问别人。要想使询问得到满意的答复，就要做到这样两点：

一是要找对知情人，主要是指找当地熟悉情况的人。比如，问路可以找民警、司机、邮递员、老年人等。

二是要注意询问的礼节，要针对不同的被询问者和所问问题区别对待。比如，询问老年人的年龄时可适当地说得年轻一些，而询问孩子的年龄时则应当大一些；询问文化程度时最好用"你是哪里毕业的""你是什么时候毕业的"等较模糊的问句等。注意询问时不要用命令性的语气，当对方不愿回答时就不要追根问底，以免引起对方不快。

此外，请求别人的帮助时，应当语气恳切。向别人提出请求，虽无须低声下气，但也绝不能居高临下，态度傲慢。无论请求别人干什么，都应当"请"字当头，即使是在自己家里，当你需要家人为你做什么事时，也应当多用"请"字。向别人提出较重大的请求时，还应当把握恰当的时机。比如，对方正在聚精会神地思考问题或操作实验，对方正遇到麻烦或心情比较沉重时，最好不要去打扰他。如果，你的请求一旦遭到别人的拒绝，也应当表示理解，而不能强人所难，更不能给人脸色看，不能让人觉得自己无礼。

第十四篇

朋友相处，
善用策略让彼此更亲近

深交靠得住的朋友，才能永远借力

法国作家罗曼·罗兰曾说过这样一段话："得一知己，把你整个的生命交托给他，他也把整个的生命交托给你。终于可以休息了：你睡着的时候，他替你守卫；他睡着的时候，你替他守卫。能保护你所疼爱的人，像小孩子一般信赖你的人，岂不快乐！而更快乐的是倾心相许、剖腹相示，把自己整个儿交给朋友支配。等你老了、累了，多年的人生重负使你感到厌倦的时候，你能够在朋友身上再生，恢复你的青春与朝气，用他的眼睛去体会万象更新的世界，用他的感官去抓住瞬息即逝的美景，用他的眼睛去领略人生的壮美……即便是受苦也是和他一块受苦！只要能生死与共，即便是痛苦也成了快乐！"

没错，患难与共的朋友，才是真正的朋友。而真正的朋友是那种当你遇到困难的时候，能够全力相助的人。在你的人脉中，这种朋友绝对是必不可少的。

晋代有一个叫荀巨伯的人，有一次去探望朋友，正逢朋友卧病在床。这时恰好敌军攻破城池、烧杀掳掠，百姓纷纷携妻挈子，四散逃难。朋友劝荀巨伯："我病得很重，走不动，活不了几天了，你自己赶快逃命去吧！"

荀巨伯却不肯走，他说："你把我看成什么人了？我远道而来，就是为了看你。现在，敌军进城，你又病着，我怎么能扔下你不管呢？"说着便转身给朋友熬药去了。

朋友百般苦求，叫他快走，荀巨伯却端药倒水安慰说："你就安心养病吧，不要管我，天塌下来我替你顶着！"

这时"砰"的一声，门被踢开了，几个凶神恶煞般的士兵冲进来，冲着他喝道："你是什么人？如此大胆，全城人都跑光了，你为什么不跑？"

荀巨伯指着躺在床上的朋友说："我的朋友病得很重，我不能丢下他独自逃命。"并正气凛然地说："请你们别惊吓了我的朋友，有事找我好了。即使要我替朋友去死，我也绝不皱眉头！"

敌军一听愣了，

听着苟巨伯的慷慨言语，看看苟巨伯的无畏态度，很是感动，说："想不到这里的人如此高尚，怎么好意思侵害他们呢？走吧！"说完，敌军撤走了。

　　患难时体现出的情义能产生如此巨大的威力，说来不能不令人惊叹。这种朋友就是能够显示自己本色的人，他没有虚假的面具，能够与你真心交往，与你同甘共苦。这种人肯定不是浅薄之徒。他们有着丰富的精神世界，能帮助你不断地进取，成为你终生的骄傲。

　　这种靠得住的朋友一定要深交，因为他们是你人脉中难得的"真金"，是你在拓展人脉时需要重点注意的一类朋友。正如纪伯伦曾说过："和你一同笑过的人，你可能把他忘掉；但是和你一同哭过的人，你却永远不会忘记。"

结交几个"忘年知己"，友谊路上多份力

　　培根就曾这样论述过："青年的性格如同一匹不羁的野马，藐视既往，目空一切，好走极端，勇于改革而不去估量实际的条件和可能性，结果常常因浮躁而冒险，老年人则比较沉稳。最好的办法是把两者的特点结合起来。"这样，年轻人就可以从老年人身上学到坚定的志向、丰富的经验、深远的谋略和深沉的感情。而且，老年人丰厚的人际关系资源，可以为年轻人提供广泛的门路。

　　罗曼·罗兰23岁时在罗马同70岁的梅森堡相识，后来梅森堡在她的一本书中对这段忘年交做了深情的描述："要知道，在垂暮之年，最大的满足莫过于在青年心灵中发现和你一样向理想、向更高目标的突进，对低级庸俗趣味的蔑视……多亏这位青年的来临，两年来我同他进行最高水平的精神交流，通过这样不断地激励，我又获得了思想的青春和对一切美好事物的强烈兴趣……"

　　这就是我们常说的"忘年之交"。一方面它是一种心灵相通，另一方面也具有现实的意义。往往老年人非常喜欢与人交往，以获得尊重，同时，老

年人也希望通过帮助别人来获得自我价值的实现。

崔明明一人独自来到北京，到北京大学作家班学习。通过上课，认识了一位老教授，通过彼此的老乡关系慢慢熟起来。崔明明独特而新颖的思路吸引了老教授，他们成为忘年交。等到作家班结束后，老教授通过关系将他介绍到了一家效益好的出版社。从此，崔明明打开了社会关系，也在北京站稳了脚跟。

通过忘年交这种方式，我们也可以结识到优势互补的朋友。

很简单，年轻人有年轻人的优势，而老年人则有老年人的优势。年轻人有激情、有创造性，而老年人有经验、有方法。年轻人要想在事业上获得迅速发展肯定离不开老年人的提携和帮助。然而，由于年轻人与老年人在思想、感情、思维方法和心理品质上存在较大差异，因此，年轻人与老年人在交往方面容易产生"代沟"。

但是我们不能因为这种代沟的存在而阻断与老年人的交往，这种代沟是必须要填平的。因为任何社会阶段都要靠各个年龄层次的人的相互作用来发展，这种作用既有选择性的继承，也有创造性的发挥和扬弃。加强年轻人与老年人之间的交流与沟通，对双方乃至对整个社会的发展都具有十分重要的意义。

要加强两方面之间的沟通，年轻人必须客观地、辩证地认识老年人与年轻人各自的长短优劣之处，看到这种沟通对双方不同的互补功能。

所以，朋友之间的交往并不局限于同时代、同年龄段的人，这些人相对来讲更加与你接近，但是，与你的前辈相处时，你会发现他们更加能够吸引你。虽然存在代沟，但是一旦形成忘年交，就会发出耀眼的光芒。

穿朋友的鞋子，增进彼此交情

生活本来就充满矛盾，这是人与人之间产生误解和隔阂的根源，是通向友谊王国的"拦路虎"。与真心朋友交往就要给对方多一些理解，多站在别人的立场和角度来为他着想，这也就是所谓的"穿朋友的鞋子"。

学会穿朋友的鞋子，许多事不必说他就能心领神会，同样，朋友也会深知你心中的每一根琴弦和音调，在你刚刚弹出第一个音符的时候，他已经知道了整个乐曲的内容。

多站在对方的立场上看问题。这是成功学大师卡耐基曾总结出的一条重要的交际经验。因为人们在交流中，分歧总占多数。卡耐基希望缩短与对方沟通的时间，消除差异，提高会谈的效率，为此，他苦恼了好久。直到有人给他讲了一个故事——犯人的权利，他才从中领悟到这条交际原理。

某犯人被单独监禁。有一天，他忽然嗅到了一股万宝路香烟的香味。于是，他走过去，通过门上一个很小的缝隙口，看到门廊里有个卫兵深深地吸了一口烟，然后美滋滋地吐出来。这个囚犯很想要一支香烟，所以，他用手客气地敲了敲门。

卫兵慢慢地走过来，傲慢地喊："想要什么？"

囚犯回答说："对不起，请给我一支烟……就是你抽的那种：万宝路。"

卫兵错误地认为囚犯是没有权利的，所以，他用嘲弄的神态哼了一声，就转身走开了。

这个囚犯却不以为然。他认为自己有选择权，他愿意冒险检验一下自己的判断，所以他又敲了敲门。这回，他的态度是威严的，和前一次明显不同。

那个卫兵吐出一口烟雾，恼怒地转过头，问道："你又想要什么？"

囚犯回答道："对不起，请你在30秒之内把你的烟给我一支。不然，我就用头撞这混凝土墙，直到弄得自己血肉模糊，失去知觉为止。如果监狱当局把我从地板上弄起来，让我醒过来，我就发誓说这是你干的。当然，他们绝不会相信我。但是，想一想你必须出席每一次听证会，你必须向每一个听证委员证明你自己是无辜的；想一想你必须填写一式三份的报告；想一想你将卷入的事件吧——所有这些都只是因为你拒绝给我一支劣质的万宝路！就一支烟，我保证不再给你添麻烦了。"

最后，卫兵从小窗里塞给他一支烟。为什么

呢？因为这个卫兵马上明白了事情的得失利弊。

这个囚犯看穿了卫兵的弱点，因此达成了自己的要求——获得一支香烟。

卡耐基通过这个故事想到自己：如果自己能站在对方的立场上看问题，不就可以知道他们在想什么、想得到什么、不想失去什么了吗？仅仅是转变了一下观念，学会站在对方的立场看问题，卡耐基就立刻获得了一种快乐——找到一种真理的快乐。

怎样做到善解人意呢？你必须保持对对方"同感"的理解，其实这也是一种说话技巧。

所谓"同感"就是对于对方所述，表示自己有类似的想法和经历。比如吴倩以十分认真的语调告诉她的好朋友李蓉，她想自杀。李蓉不是去问她为什么，也不板起脸孔说教一番，而是说"是啊，我曾经也有过同样的想法，记得是那天发生的一件事，使我看到了人为什么要勇敢地活下去……"结果吴倩就轻松地谈起了她的烦恼与苦闷。李蓉边听边点头，表示理解和关注。后来吴倩不但勇敢地活了下去，并且做出了成绩。她和那位善解人意的李蓉的友谊愈来愈深了。

要想达到与人情感沟通，就要注意对方。当对方对某一事物表露出一种情感倾向时，你就要对他所说的这件事表达同样的感受，而且激烈些，于是你们就谈到一起了。

真诚理解是友谊的纽带，是成为知己朋友的情感基础，我们不必把其看得过于高深。理解就在你的身旁，理解就在每天琐碎的日常生活当中，而我们能做的，只是在人际交往中，设身处地地多为他人着想。

"刺猬哲学"才是交友之道

叔本华曾经讲过一个"刺猬哲学"：一群刺猬在寒冷的冬天相互接近，为的是通过彼此的体温取暖以避免冻死，可是很快它们就被彼此身上的硬刺刺痛，相互分开；当取暖的需要又使它们靠近时，又重复了第一次的痛苦，以至于它们在两种痛苦之间转来转去，直至它们发现一种适当的距离使它们能够保持互相取暖而又不被刺伤为止。

正如一句话说得好："距离产生美。"再好的朋友如果天天见面，也未必是一件好事。保持一定的距离，这样才能让友谊之情长久！

交到好朋友难，而保持友情更难。彼此是好朋友，那为何还要保持距离？这样会不会让朋友间彼此疏远，显得缺乏继续交往下去的诚意呢？你肯定会为这些问题担心。但事实证明，很多人友情疏远，问题就恰恰出在这种形影不离之中。

距离是人际关系的自然属性。有着亲密关系的两个朋友也毫不例外，成为好朋友，只说明你们在某些方面具有共同的目标、爱好或见解，能进行心灵的沟通，但并不能说明你们之间是毫无间隙、可以融为一体的。任何事物都存在着其独自的个性，事物的共性存在于个性之中。共性是友谊的连接带和润滑剂，而个性和距离则是友谊相吸引并永久保持其生命力的根本所在。

人一辈子都在不断地交新的朋友，但新的朋友未必比老的朋友好，失去友情更是人生的一种损失，因此要强调：好朋友一定要"保持距离"！

在文坛，流传着一个关于两位文学大师的故事：

加西亚·马尔克斯是1982年诺贝尔文学奖获得者，巴尔加斯·略萨则是近年来被人们说成是随时可能获得诺贝尔文学奖的西班牙籍秘鲁裔作家。他们堪称当今世界文坛最令人瞩目的一对冤家。他俩第一次见面是在1967年。那年冬天，刚刚摆脱"百年孤独"的加西亚·马尔克斯应邀赴委内瑞拉参加一个他从未听说过的文学奖项的颁奖典礼。

当时，两架飞机几乎同时在加拉加斯机场降落。一架来自伦敦，载着巴尔加斯·略萨，另一架来自墨西哥城，它几乎是加西亚·马尔克斯的专机。两位文坛巨匠就这样完成了他们的历史性会面。因为同是拉丁美洲"文学爆炸"的主帅，他们彼此仰慕、神交已久，所以除了相见恨晚，便是一见如故。

巴尔加斯·略萨是作为首届罗慕洛·加列戈斯奖的获奖者来加拉加斯参加授奖仪式的，而马尔克斯则专程前来捧场。所谓殊途同归，他们几乎手拉着手登上了同一辆汽车。他们不停地交谈，几乎将世界置之度外。马尔克斯称略萨是"世界文学的最后一位游侠骑士"，略萨回称马尔克斯是"美洲的阿马迪斯"；马尔克斯真诚地祝贺略萨荣获"美洲诺贝尔文学奖"，而略萨则盛赞《百年孤独》是"美洲的《圣经》"。此后，他们形影不离地在加拉加斯度过了"一生中最有意义的4天",制定了联合探讨拉丁美洲文学的大纲和联合创作一部有关哥伦比亚——秘鲁关系小说。略萨还对马尔克斯进行了长达30个小时的"不间断采访",并决定以此为基础撰写自己的博士论文。这篇论文也就是后来那部砖头似的《加夫列尔·加西亚·马尔克斯:弑神者的历史》(1971年)。

基于情势,拉美权威报刊及时推出了《拉美文学二人谈》等专题报道,从此两人会面频繁、笔交甚密。于是,全世界所有文学爱好者几乎都知道:他俩都是在外祖母的照看下长大的,青年时代都曾流亡巴黎,都信奉马克思主义,都是古巴革命政府的支持者,现在又有共同的事业。

作为友谊的黄金插曲,略萨邀请马尔克斯顺访秘鲁。后者谓之求之不得。在秘鲁期间,略萨和妻子乘机为他们的第二个儿子举行了洗礼;马尔克斯自告奋勇,做了孩子的教父。孩子取名加夫列尔·罗德里戈·贡萨洛,即马尔克斯外加他两个儿子的名字。

但是,正所谓太亲易疏。多年以后,这两位文坛宿将终因不可究诘的原因反目成仇、势不两立,以至于1982年瑞典文学院不得不取消把诺贝尔文学奖同时授予马尔克斯和略萨的决定,以免发生其中一人拒绝领奖的尴尬。当然,这只是传说之一。有人说他俩之所以闹翻是因为一山难容二虎,有人说他俩在文学观上发生了分歧或者原本就不是同路。更有甚者是说略萨怀疑马尔克斯看上了他的妻子。这听起来荒唐,但绝非完全没有可能。后来,没有人能再把他们撮合在一起。

可见,朋友相处,重要的是双方在感情上的相互理解和遇到困难时的互相帮助,而不是了解一些没有必要的东西。也可以说,心灵是贴近的,但肉体应是保持距离的。

中国古老的箴言:君子之交淡如水,便饱含了这一道理。那么,真诚地对待你的朋友时,保持距离、用心经营才是上上策。

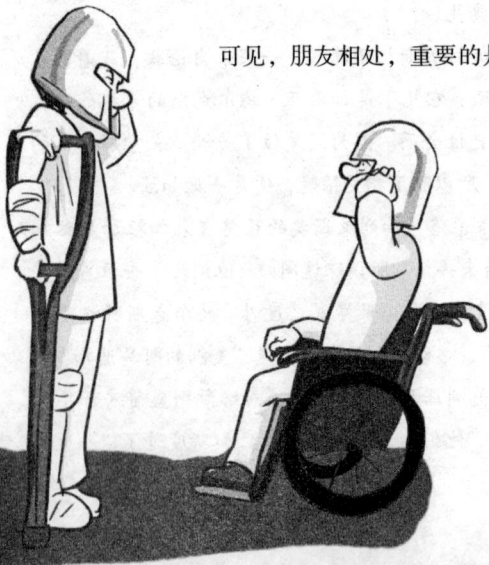

朋友相处，不要为人情包袱所累

很多人都知道"人脉"对成功的重要性，都懂得"感情投资"，放长线钓大鱼。同时人们都很讲究面子，如果谁欠了别人的情分太多，就会感到有失面子，人情就会像包袱一样使人不堪重负。

人说"滴水之恩"尚需"涌泉相报"，若欠的人情多了，你能有多少个"涌泉"呢？这是一个方面。另一方面，人情也需要保持一种大体上的平衡，你欠了别人一份小情，如果还了大情，对方反而会不自在；而若欠得久了，还不上这份人情，对你来说又是一种包袱、一种负担。所以，聪明的人总是尽量不欠别人太多的人情，也争取找机会把人情还上，以卸掉在自己心头的人情包袱。

《论语》上说："惠则足以使人。"意思是说，给你恩惠就足以使唤你了。所以，面对朋友施与的小恩小惠、大恩大惠，在接受时要慎重，能不接受的尽量不接受。"吃了人家的嘴软，拿了人家的手短"。嘴软了，在人家面前说话便不仗义；手短了，在人家面前就难以再伸手。

然而，人与人间的礼尚往来是极其正常的。别人带来的东西，你不收，他觉得你不给面子，你再让他带回去，更是有损他的尊严了。所以，你也不能太驳人家的面子，盛情难却，你可以暂时收下，但你必须根据对方礼物的轻重将这个人情送回去。你要去回访他，带着差不多的恩惠，两下扯平，也不会伤了和气。

避免人情债，要有自知之明。

自己应该是最了解自己的，能吃几碗饭，能干多少事。然而，有的人就爱打肿脸充胖子，自认为自己特能，别人一求，马上一拍胸脯，包在身上。更有甚者，明知自己办不成，还硬往自己身上揽。

三国时的蒋干就是这么一个人，他自以为了不起，认为自己的口才可以同春秋战国联横、合纵的雄辩天才相比。他向曹操自荐去说服周瑜投降曹操，而且信心十足。青衣小帽，再加一个书童，一叶扁舟就去见周瑜。周瑜岂是无能之辈？年纪轻轻便能统帅百万军队，岂是一个同窗的说客可以动摇的？蒋干来至周瑜的兵营，连三句半都没说上，被周瑜耍得团团转，最后走得也不正大光明，带回的密信让曹操上了当，损失两员大将。

蒋干就是有点自不量力，事没办好不说，居然还上了人家的当。办事千万别逞强，办不成的事，要老实地说，没什么不好意思的。

简而言之，别人之所以来找你，就因为他也办不成，别因为你帮不上别人的忙而不好受，与其将事情搞砸，还不如让他另请高明。这样可以避免背上人情的包袱，你的人生之路即会轻松很多。

让朋友表现得比你出色

每个人都希望自己比别人优秀，我们在对待朋友时，要尽量让其表现得比你出色，这样既表现出自己的谦虚，又让朋友喜欢你，达到融洽的交际关系，两全其美，何乐而不为呢？

法国哲学家罗西法古说："如果你要得到仇人，就表现得比你的朋友优越吧；如果你要得到朋友，就要让你的朋友表现得比你优越。"

为什么这句话是事实？因为当我们的朋友表现得比我们优越，他们就有了一种重要人物的感觉，但是当我们表现得比他还优越，他们就会产生一种自卑感，造成羡慕和嫉妒。

纽约市中区人事局最得人缘的工作介绍顾问是亨丽塔，但是过去的情形并不是这样。在她初到人事局的头几个月当中，亨丽塔在她的同事之中连一个朋友都没有。为什么呢？因为每天她都使劲吹嘘她在工作介绍方面的成绩、她新开的存款户头，以及她所做的每一件事情。

"我工作做得不错，并且深以为傲，"亨丽塔对拿破仑·希尔说，"但是我的同事不但不分享我的成就，而且还极不高兴。我渴望这些人能够喜欢我，我真的很希望他们成为我的朋友。在听了你提出来的一些建议后，我开始少谈我自己而多听同事说话。他们也有很多事情要说，把他们的成就告诉我，比听我说更令他们兴奋。现在当我们有时间在一起闲聊的时候，我就请他们把他们的欢乐告诉我，好让我分享，而只在他们问我的时候我才说一下我自己的成就。"

苏格拉底也在雅典一再地告诫他的门徒："你只知道一件事，就是你一无所知。"

无论你采取什么方式指出别人的错误：一个蔑视的眼神，一种不满的腔调，一个不耐烦的手势，都有可能带来难堪的后果。你以为他会同意你所指出的吗？绝对不会！因为你否定了他的智慧和判断力，打击了他的荣耀和自尊心，同时还伤害了他的感情。他非但不会改变自己的看法，还要进行反击，这时，你即使搬出所有柏拉图或康德的逻辑也无济于事。

永远不要说这样的话："看着吧！你会知道谁是谁非的。"这等于说："我会使你改变看法，我比你更聪明。"这实际上是一种挑战，在你还开始证明对方的错误之前，他已经准备迎战了。为什么要给自己增加麻烦呢？

有一位年轻的纽约律师，他参加了一个重要案子的辩论，这个案子牵涉到一大笔钱和一项重要的法律问题。在辩论中，一位最高法院的法官对年轻的律师说："海事法追诉期限是6年，对吗？"

律师愣了一下，看看法官，然后率直地说："不。庭长，海事法没有追诉期限。"

这位律师后来说："当时，法庭内立刻静默下来。似乎连气温也降到了冰点。虽然我是对的，他错了，我也如实地指了出来，但他却没有因此而高兴，反而脸色铁青，令人望而生畏。尽管法律站在我这边，但我却铸成了一个大错，居然当众指出一位声望卓著、学识丰富的人的错误。"

这位律师确实犯了一个"比别人正确的错误"。在指出别人错了的时候，为什么不能做得更高明一些呢？

因此，我们对于自己的成就要轻描淡写。我们要谦虚，这样的话，永远会受到欢迎。

要比别人聪明，但不要告诉人家你比他更聪明。

第十五篇

职场有道，
锦绣前程要靠点滴运筹

应对面试官，要根据其性格特点从容施策

在战争中，知己知彼是百战百胜的保障。面试也是如此，作为应聘者，只有了解了面试官的性格，才能把公关做得恰到好处，使自己获得成功。

一般来讲，面试官分为以下几种表现形式，你可以根据不同情况见招拆招，方可从容应对。

1.性格外向型特点

充满活力；善谈，肢体语言丰富，富有感染力；表里如一，想到什么就说什么。

对策：随他去说，你只要做个好听众，面带微笑，频频点头，心领神会；可以温和平静，可以大笑，可以做惊讶状，可以做陶醉状，一言以蔽之，要变化多端。

2.性格内向型特点

外表冷峻，不喜形于色；不善言谈，几乎无任何肢体语言；喜欢沉思默想，而后出言表达。

对策：时而提问，时而倾听；不要打断他的谈话，要有耐心，给他时间去沉思默想。

3.性格感应型特点

语言简洁精练，直述其意；无想象力，求实际，重事实。

对策：直接切入正题；问一句答一句，有理有据，不要夸夸其谈；直接阐述你的实际工作经验，最好引述一两例成功案例。

4.性格直觉型特点

谈话高深莫测，喜用修辞和成语；无论其谈吐和表情都给人以模糊、含混的感觉。

对策：尽力保持谈话不要间断，亦可以引用成语和典故；要表现出你的创造性；强调你已经领悟了他高深莫测的寓意。

5.貌如思想家型特点

富有严密的逻辑思维能力，善用分析和推理；性格

敦厚。

对策：回答问题时，你也要逻辑严密；与他的观点和立身之道保持一致；表现出你也是公正无私、敦厚之人。

6.敏感试探型特点

友好，温和；善解人意，富有同情心；善用外交手腕，处事圆滑。

对策：要温和，平稳；表现出你的热情助人行为，以及你的通情达理和为他人着想的美德；表现出你是如何协调组织和善于沟通不同人之间关系的能力。

7.貌如审判官型特点

非常严肃和冷静；具有决定性和组织的权威之感；凌驾于你的IQ和EQ之上，任意判断，独断专行。

对策：要有充分准备，做乖乖状且随机应变；谦虚谨慎，多向他征求意见；服从组织安排，要有"叫干啥就干啥"的精神。

8.貌如观察家型特点

开朗顽皮，善用游戏等方式测试候选人；好奇心强；想法随意，大有天马行空之势。

对策：要热烈响应他的任何提议，积极参与协助对你的各种测试；时刻期待着回答他对你提出的各种问题，但要有选择地回答；不要勉强做出评价和表达自己的意思。

面试中要根据不同的提问进退自如

一般情况下，求职者面试时的表现将直接决定是否被录用。作为一个求职者，必须学会应对各种提问，同时还要学会推销自己。下面我们就来剖析一下面试官的一般提问方式，以便在面试时进退自如。

1.封闭型提问

例如，你愿意做工程师还是市场开发人员？

这种问题回答力求简洁、明白，一般不需作过多的补充和修饰。

2.开放型提问

例如，你的性格特点是什么？善于与人相处吗？

这类问题很关键。回答得好坏，直接关系到录用与否。而且这些是你事先应该准备的。同时，这类问题，回答得好，就是绝好的表现自己、推销自己的机会，可以令面试官刮目相看，顿生爱才之心。

3.假设型提问

例如，如果让你来当我们公司的总经理，首先你会做几件事？

面对这种问题，切忌长时间地沉默，但也不要不经考虑急于回答。需要对问题的关键部位进行详细分析，提出切实可行的解决方法，不要做长篇大论。

4.控制型提问

例如，你认为我们的改革怎么样？

顺水推舟，给面试官一个较为满意的回答。但若你对这家公司的改革确实有意见，而且有特殊的理由，倒也可以谈出自己的看法，令面试官觉得耳目一新，出奇制胜。否则，还是夸夸他们吧。很多的时候，领导者是需要被赞赏的。

5.否定型提问

例如，我们要求的都是大学本科以上学历，你只是专科，恐怕不合适吧？

切记大吵大闹，甚至拂袖而去，这样只能反映出自己没有修养。只要你相信自己行，你就行。表达出这种自信，努力扭转劣势。

6.连珠型提问

例如，你喜欢读书吗？业余时间都读什么书？经济类的书读得多吗？哪一种管理理论你较为欣赏？

你一定要按顺序回答问题，也不一定每一个问题都要回答，在表述中留心表现出自己的个性及优点。

把你的功劳让给上司，上司会对你奖励更多

汉代有一位能干的官吏，安民有方，平息了大灾害后的暴动。他鼓励人民垦田种桑、重建家园。经过几年治理，当地社会稳定，百姓安居乐业，这位

官吏得到了人民极大的拥戴，名声响彻朝野。

皇帝突然在此时召他还朝，临行前，他座下的一位谋士突然前来求见，问他："天子如果问大人如何治理地方，大人打算怎么回答？"这位官吏坦然地回答："我会说任用贤才，使人各尽其能，严格执法，赏罚分明。"谋士连连摇头道："非也非也，此话将陷大人于不利，在天子心中，大人声名已经过于显赫了，再自夸其功，后果不堪设想。"官员心中一惊，"功高震主"的人往往没有好下场，这样的教训已经够多了。

于是在皇帝召见时，官吏一再推辞奖赏，只说"都是天子的神灵威武感化所致"，皇帝果然龙颜大悦，将他留在身边，委以显要的官职。

这个故事深刻地阐释了"做下级的，最忌自以为有功便忘了上司"这样一个道理。

古今中外许多事实证明，功高震主之时，往往也是失宠之日。不在乎被比下去、重视人才、超凡脱俗的上司毕竟是凤毛麟角，在大多数人的心中，都或多或少藏着"嫉妒"的鬼火，一旦你的光芒太过耀眼，你的功劳太过卓著，上司在你身边，便会觉得自己黯淡无光，更会有地位被你动摇的联想，他们会很自然地将你视为竞争对手、心腹大患，而你在不知不觉中，就已面临着一场灾难。

在这个以自我为中心的社会中，如果有人肯大方利落地将功劳让给别人，受到礼让的人一定会大为吃惊，继而心生感激，常常会产生"我欠了此人一份人情"的想法，对此人更是好感大增。

不居功自傲不仅仅可以在上司心中留下美好的印象，更深层次的意义是能使你的人格变得更伟大。将自己用辛勤和汗水换来的功劳拱手相让，这本身就需要具备很深的修养。但是，也只有这种气量很大，不斤斤计较得失的人才能真正打动上司，他总有一天会设法偿还这笔人情债。当然，在他的帮助下，你也不会缺少再次建功的机会。只是有一点需要注意，礼

让功劳的事绝对不能作为个人资本到处宣传，否则，让功的收益率便会下降为零，甚至适得其反，你在上司眼中会成为彻头彻尾的小人。

记住永远不要让你的光芒遮盖了你的上司。具体来说是切勿冒犯上司，不抢上司的风头；做事情要把握分寸，要到位而不要越位，总是比上司矮一截，任何情况下不让上司觉得你是对他有威胁的。能够做到这些，你自然就能够在陷阱重重的权利森林中得以自保，进而提升自我，获得事业的成功。

职场"亡羊"，就要技巧地"补牢"

亡羊补牢的成语故事可谓家喻户晓了，大家都知道亡羊后在于怎么把"牢"补上。我们生活在一个人与人构成的社会当中，交流是必要的，既然要说话，难免有口误，尤其是在办公室这样一个特殊的环境里，说错话并不是少有的事。

当你在上司面前言行失误时，心里不要紧张和恐慌，这时关键是要施以巧言挽回失误。有几种方法可供参考：

1.坦率道歉

有一次小王在和同事聊天时，开玩笑地说上司"像个机器人"，不巧的是正好被上司听到了。于是，小王给上司写了一张条子，约他抽空谈一谈，上司同意了。

"显而易见，我用的那个词绝无其他用意，我现在倍感悔恨。"小王向上司解释道，"我之所以用'机器人'之类的字眼，只不过想开个玩笑，我感到您对工作一丝不苟，但对我们有些疏远，因此，'机器人'三个字只不过是描述我这种感情的一种简短方式。请您谅解！以后我会注意自己的表达方式。"

上司为小王合情合理的解释和自我批评的行为而深受感动，他甚至当即表态，说要努力善解人意，做个通情达理的领导。

小王的坦率道歉，让他和上司的关系化干戈为玉帛。有些人在对上司说了不敬的话后，往往会一味地自我谴责甚至自我羞辱，然后低声下气地去道歉。但许多情况下，仅靠一句"对不起"不会取得上司的谅解。道歉要坦率，更重要的是，要通过道歉把问题讲清楚，只有这样才能促成和上司的充分沟通，从而顺利解决自己言行失误带来的感情危机。

2.真心巧表，妙用修辞

南朝梁有个大臣叫萧琛，能言善辩。在梁武帝萧衍还没有称帝时，他就与之交好。后来萧衍当上了皇帝，两个人之间的关系还是很亲密。

有一次，武帝萧衍举行大型宴会，萧琛也参加了。酒过三巡后，萧琛有些醉意，就趴在桌子上。武帝见了，就用枣子投他，正好打中萧琛的头。萧琛抬起头，竟然不假思索地拿起食品盒里的栗子向武帝投去，正好打中武帝的脸。这时，旁边的官员都看到了，吓得大气都不敢出。武帝的脸也一下子沉了下来，刚要动气，萧琛急忙说道："陛下把赤心投给臣，臣怎敢不用战栗来回报呢？"

武帝一听，转怒为笑。

这里，"赤心"是借用枣的形态做比喻的，"战栗"则是借用了"栗"的谐音。可以想象，如果萧琛不能机智快速地反应，及时想出了应答的办法，等待他的岂不是大祸临头！

在上司面前做错了事，道歉并不总是唯一正确的选择。因为道歉过后，上司可能只是原谅了你，怨气消了不等于喜气来了，而如果能像萧琛这样，明明是做错了事，可短短一句话，不但消解了上司的怨气，而且还带来了喜气，岂不是更高明的选择？给自己的失误，加上一个美丽的修饰，错误反而成了向上司表达忠心的举动，难道不令人拍案叫绝吗？

3.先恭维，再说道歉

余先生被调派到分公司工作了半年，一回到总公司，马上就赶着去问候以前很照顾他的陈科长。余先生对过去陈科长经常不辞辛苦地跑到分公司给予指导的事，反复地致谢，可是，不知怎么搞的，对方反应似乎很冷淡。

当余先生纳闷地走出门时，一名同事才过来告诉他："陈科长已经升为副处长了呀！"

不知道对方已经升官，依然用以前的职称称呼他，可能会使对方的心里觉得不舒服。余先生顿时恍然大悟，后悔自己没有事先确认对方的职位是否已经有所变化，所以失了言，但说错的话已经收不回来，怎么办？他想了想，马上返回到陈处长的办公室，开口说："陈处！真是恭喜您了！您也真是的，刚才也不告诉我一下。我在分公司难免消息不灵通。不过，错漏您升官的消息，总是我的不是，真对不起，请原谅！"

像这样明白地讲出来，并把衷心的祝贺表达出来，自然也就化解了陈处长心中的不快。

犯了类似无心之过时，先用甜言蜜语恭维一番你的上司，再真诚地分析你的失误，表示你的歉意，不失为消除上司心中不快的好办法。

不仅是对上司如此，要是与同事之间因为某些言行不够谨慎、言谈欠周到、细致而发生一些误会，我们也要积极想办法去消除，做到亡羊补牢，补牢才能不亡羊，使自己与同事能尽快地轻松、舒畅起来。

1.当面说清楚

虽然误会的类型各种各样，但解决的最简捷、最方便的方法便是当面说清楚。大多数人也都喜欢这种方法。

因此，如果有误会需要亲自向对方做出说明，你千万不要找各种借口推托。你一定要战胜自己的懦弱，克服困难，想方设法地当面表明心迹，千万不要轻信第三者的只言片语。

2.不要放过好时机

解释缘由，消除误会，必须选择好时机，一定要考虑对方的心境、情绪等情感因素。你最好选择升职、涨工资或婚宴等喜庆日子，因为这时对方心情愉快，神经放松，胸怀也就较为宽广。你如果能抓住这些时机进行表白，往往能得到对方的谅解，双方重归于好。

3.请同事帮忙

你与同事的误会常常是在工作中产生的，双方的误解涉及许多方面。个人解决可能会受到限制，有时候不能明白透彻地说清楚，这时候，你可以请其他同事帮忙，把事情彻底地弄清楚。当然，你也不必兴师动众，叫上一帮同事大费口舌。当误会不便于直说，你们双方又都觉得心里不愉快，产生了生疏和隔阂时，你只需要

过

让同事帮忙为你们提供一个畅谈的机会。在和谐、友好的气氛中，彼此间心理上的距离便会缩短，许多小误会和不快都会自然地消失。

遇到和上司、同事之间的不愉快，尤其是因为自身原因引起的，不要刻意回避，问题一日不解决，你的损失就越来越大。千万不要认为难以启齿或碍于情面而使解释的时间越拖越长，否则只会使误会越陷越深，到最后无限制地拖延造成令人更加苦恼的后果。同时，时间拖得越长，你就越被动。

对待难相处的下属，要因势利导

作为上司，有时候并非比做下属容易。工作中有些下属往往比较难相处。作为管理者，应尽可能地与各种性格的下属保持良好的关系。那么在实际中，针对不同性格的下属又应该如何应付呢？

1.悲观泄气型性格的下属

特点：这种人对任何事都悲观失望、没有信心，对新形式、新观念、新事物不抱任何希望，这种思想蔓延后会阻碍公司的发展。

方法：要改变他们的这种性格是非常不容易的，上司要给他们做出表率，用乐观进取的精神使他们在心理上消除悲观失望的情绪。对他们提出的合理化建议，应给予极大的鼓励和表扬，使他们增强进取心。

2.暴躁型性格的下属

特点：这种性格的人脾气暴躁，与他们相处就会时不时地被他们发的火"烧"一下。

方法：对这种性格的人要能正确地引导，在非原则性的问题上不与他争执，不给他发火的机会和场所，并寻找适当的机会严厉指出，他的坏脾气使客户对公司留下不良印象，也会给别人带来不快，给他自己造成坏影响；强调在公司要注意个人形象，不可忘乎所以，更不能恶意伤人。

3.强硬型性格的下属

特点：这种性格的人非常直爽，做任何事都雷厉风行，不喜欢婆婆妈妈，比较适合担任责任心强、难度大的工作职位。

方法：要时刻提醒他们做事时不可粗心草率。在工作中，你可以直接吩咐他们去完成某项任务，对他们的不满情绪要心平气和地因势利导，而不能针锋相对。

4.变化无常型性格的下属

特点：这种性格的人大多才能较为突出，能为公司做一些创造，给公司带来财富。但这种人的性格变化无常，行为古怪，令人捉摸不透，他们自以为有才、有能力，不把他人放在眼里，对任何人的建议和劝说都嗤之以鼻，更不接受人们希望他们改变性格的意见。

方法：这种人令上司既爱又恨，为了公司的利益，可以在一定程度上允许他们自由一些，应采用特殊的方法对待特殊的人。

读懂不同类型的同事，才能制造融洽气氛

一个公司就是一个社会的缩影，各种性格的人在一个公司里都有可能遇上，有些还是工作当中无可避免的麻烦人物。面对不同性格类型的人，如何调动他们，以使大家相处融洽，促进工作顺利进展呢？

1.推卸责任的人

对那些习惯推卸工作职责的同事，在请他们协助工作时，目标必须明确，时间、内容等要求要讲清楚，甚至白纸黑字写下来，以此为证据。不为他们所提出的借口而动摇，温和地坚持原来的决议，表达你知道工作有困难性，但还是需要在一定范围内完成的期望。

如果他们试图把过错推给别人，不要被他们搪塞过去，你只需坚定说明那是另一回事，现在要解决的是如何达成原定的目标。如果他们真的遇到问题，除非真有必要，你不用主动帮他们解决，防止养成他们继续对你使用这招以摆脱工作的习惯。

2.过于敏感的人

一些同事生性敏感，应尽量避免在其他人面前对他们做出可能冒犯的评语，要批评请私底下讲。即使像"有点""可能""不太"这类有所保留的语

气，都会让他们心乱如麻，因此在批评时尽量客观公正，慎选你的用词，指出事实就好。尤其要让他们了解你只是针对事情本身提出意见，而不是在对他们做人身攻击。

针对他们过度的反应，你不要也跟着乱了手脚急于辩解，那可能会愈描愈黑，只要重申事情本身就好。提出意见时也同时指出他们的优点，以及表现出色的地方，以建立他们的自信心。

3.喜欢抱怨的人

他们之所以抱怨，是因为他们在意事情的发展。如果抱怨的内容跟你负责的业务有关，最好能有立即的响应或改善；如果他们抱怨的是无关紧要的琐事，听听就算了，也不需要动气反驳。遇到问题时，问问他们觉得最好的解决方法是什么，怎么样才能避免问题再度发生，将他们的力气引导到解决问题上。

4.悲观的人

脸上总带有悲观情绪的同事害怕失败，不愿意冒险，所以会以负面的意见阻止工作、环境上的改变。你不妨问问他们认为改变后最坏的结果是什么，事先准备好应对的方法。

与悲观的同事合作时，告诉他们如果失败的话是整个团队的责任，而不会光责怪他们，解除他们的心理压力，他们就不会在一旁唠叨。

5.喜怒无常的人

有些同事属于黏质型的，会喜怒无常。当他们表现出喜怒无常的行为时，不要回应他们无理的行为，找个借口离开现场，等他们冷静一点再回来。面对他们的情绪失控，不要也被撩起情绪，应以冷静、客观的态度响应，陈述事实即可，不需辩解。一旦他们恢复理智，要乐于倾听他们的谈话。万一他们中途又开始"抓狂"，就立即停止对话。

6.沉默的人

办公室里总有一些不善说话、只会默默工作的同事。在与他们说话时不能语带威胁，要不带情绪并放低姿态。

花时间与他们一起将每个工作步骤写成白纸黑字，了解彼此对工作的认知。尽量让他们做自己分内的工作就好。

尽量多问一些开放性的问题，鼓励他们说话，如果他们一时无话可说就耐心等待，给他们时间思考，不用对彼此之间的沉默觉得不自在。称赞他们的成就，以符合他们需求的方式鼓励他们。

7.固执的人

对待这样的同事，仅靠你三寸不烂之舌是难以说服他的，你不妨单刀直入，把他工作和生活中某些错误的做法一一列举出来，再结合眼下需要解决的问题提醒他将会产生什么严重后果。这样一来，他即使当面抗拒你，内心也开始动摇，怀疑起自己决定的正确性。这时，你趁机摆出自己的观点，动之以情，晓之以理，那么，他接受的可能性就大多了。

8.轻狂高傲型

对轻狂高傲的同事，你根本用不着与之计较，他喜欢吹嘘自己，那就由他去吧。就是他贬低了你，你也不要去与他们较量，更不要低三下四，你只需长话短说，把需要交代的事情简明交代完即可。

所以，在公司里，面对不同类型的同事，要把握他们各自的性格特点，积极调动，营造一个和谐融洽的工作氛围。

掌控能力比自己强的下属：一用、二管、三养

汉高祖刘邦平定天下之后，在洛阳的庆功宴上就曾说过这样的话："夫运筹帷幄之中，决胜千里之外，吾不如子房；镇国家，抚百姓，给馈饷，不绝粮道，吾不如萧何；连百万之军，战必胜，攻必取，吾不如韩信。此三者，皆大杰也。吾能用之，此所以取天下也。项羽有一范增而不能用，此所以为我所擒也。"

刘邦还是很有自知之明的，他知道自己不是全才，在很多方面不如自己的下属。他之所以能打败不可一世的楚霸王项羽，一统天下，是因为重用了一些某些方面比自己能力更强的人。而恰恰是在这一点上，刘邦表现出了一个统帅最值得称道的品格和能力。

打天下如此，干其他事业也莫不如此。

美国钢铁大王卡内基的墓碑上刻着一行字——"这里躺着一位善用比自己能力更强的人"，一语道破了上司应有的管理品质。工作中下属是能人的现象随处可见，然而每个上司对待能力高强的下属的态度却千差万别，正是由于这不同的态度和做法，不仅影响着能干的下属的命运，同样也影响着自身利益。那么，作为一个上司，要善用能力比自己强的下属。

以欣赏的心态来看待有能力的人。要平和积极地对待表现出色的下属，不要有嫉妒心理。如果有嫉妒心理，就会有许多过激的行为和语言产生，这大大影响到上司自身的形象和声誉。以欣赏的心态来看待下属，这样不仅下属会有自豪感和荣耀感，而且也会积极地把能力都发挥出来，而上司自身也会受到有才干的人和有才干的人以外的人尊重、信赖和佩服，大家就会团结起来，进行开创性的工作，于是工作效率会大大提高。因此说，下属是能人是值得高兴的事情，有能人要比没有能人要好得多，因为能人可以来做好多工作，而且可以做一般人做不了的工作，解决一般人解决不了的问题。

对待有能力的下属要把握三点：一用、二管、三养。

第一是要用。

给能人挑战性的工作，千方百计地调动能人的积极性，让他们出色地完成工作，让他们的能力得到发挥，让他们的才华得到施展，给他们以舞台满足感，只有这样才能留住他们，不然，离去只是迟早的事情。

第二是要管。

能人毛病多，恃才傲物，有时甚至爱自作主张，因此，必须要管，要有制度约束，要多与之进行思想沟通交流，力争达成共识和共鸣。目的在于让他们与你相互了解，防止因相互不了解，而产生误会和用人不当，出现麻烦和损失。

第三是要养。

如果能人是鱼，组织就是水，而这个组织就是由组织中的每一位成员组成，也包括能人自己。因此除了要引导能人少说多做，做出成绩外，还要善意地有艺术性地帮他改掉毛病，同时也要教导组织成员解放思想、更新观念，见贤思齐，使组织形成团结合作、积极进取的健康氛围，这样一来再引导他们和组织成员融合在一起。

因此，如果你真心希望你的下属能够各尽其才、各尽其能，为你的事业而奋斗，就必须敢于起用他们，让他们的才华，铸就你事业的辉煌。

宽容对待下属的过失，对方更愿意被你领导

宽容，应该是每一个领导应具备的美德。没有一个下属愿意为对下属斤斤计较、小肚鸡肠，犯一点小错就抓住不放，甚至打击报复的领导去卖力办事。

尽可能原谅下属的过失，这是一种重要的笼络手段。对那些无关大局之事，不可同下属锱铢必较，当忍则忍，当让则让。要知道，对下属宽容大度，是制造向心效应的一种手段。

汉文帝时，袁盎曾经做过吴王刘濞的丞相，他有一个从侍与他的侍妾私通。袁盎知道后，并没有将此事泄露出去。有人却以此吓唬从侍，那个从侍就畏罪逃跑了。袁盎知道消息后亲自带人将他追回来，将侍妾赐给

了他，对他仍像过去那样倚重。

汉景帝时，袁盎入朝担任太常，奉命出使吴国。吴王当时正在谋划反叛朝廷，想将袁盎杀掉。他派五百人包围了袁盎的住所，袁盎对此事却毫无察觉。恰好那个从侍在围守袁盎的军队中担任校尉司马，就买来二百石好酒，请五百个兵卒开怀畅饮。兵卒们一个个喝得酩酊大醉，瘫倒在地。当晚，从侍悄悄溜进了袁盎的卧室，将他唤醒，对他说："您赶快逃走吧，天一亮吴王就会将你斩首。"袁盎大惊，赶快逃离吴国，脱了险。

从这里，我们不仅看到了袁盎的宽宏大度，远见卓识，也可以洞悉他们驾驭部下的高超艺术。无独有偶，曹操巧败袁绍的故事也恰恰能说明这一点。

公元199年，曹操与实力最为强大的北方军阀袁绍相拒于官渡，袁绍拥众十万，兵精粮足，而曹操兵力只及袁绍的十分之一，又缺粮，明显处于劣势。当时很多人都以为曹操这一次必败无疑了。曹操的部将以及留守在后方根据地许都的好多大臣，都纷纷暗中给袁绍写信，准备一旦曹操失败便归顺袁绍。

相距半年多以后，曹操采纳了谋士许攸的奇计，袭击袁绍的粮仓，一举扭转了战局，打败了袁绍。曹操在清理从袁绍军营中收缴来的文书材料时，发现了自己部下的那些信件。他连看也不看，命令立即全部烧掉，并说："战事初起之时，袁绍兵精粮足，我自己都担心能不能自保，何况其他的人！"

这么一来，那些动过二心的人便全部都放了心，对稳定大局起了很好的作用。

曹操这一手的确十分高明，这种做法将已经开始离心的势力收拢回来。不过，没有一点气度的人是不会这么干的。

可见，精明的上司，一定要懂得原谅下属的过失，让下属知道你的胸怀大度，他会情愿为你做任何事。

第十六篇

商务往来，
得人心者得客户

求 雨

设立共同目标，迅速拉近距离

鹏远有一位很多年没见的大学同学到北京出差，他叫鹏远出来聚一聚，鹏远按照约定地点来到一个饭店，服务员把鹏远带进包厢里，鹏远看到那位老同学正神采奕奕地等着他。

一番寒暄之后，话题自然是落到了这几年的发展上，"你怎么好好跑去经商了呢，当初你的专业课可是最棒的。"鹏远问他。

老同学笑眯眯地回答道："这并不妨碍啊，我只不过将心理学的研究放到了商场里，你知道我是怎么捞到第一桶金的吗？"

鹏远摇摇头。

老同学开始追溯往昔，刚下海那几年，虽然挣了点钱，但还算不上很成功，那时，他已经成为公司的经理，手里有了不少客户资源。想来给别人打工不如自己当老板，便开始计划利用现任职位上的客户资源开办一家新公司赚笔大钱。

于是他找了两名以前的手下，共商创业的事。后来他发现他们三个人数太少，很难成功。于是他要他的手下另外再找七个人，组成十个人的创业团队。他的手下顺利地找到了他们所需要的人手。他这时却发现，他与这七个新伙伴根本就不认识，他们是否值得信任实在是一个大问题。

于是他想到了每晚分别与一个新伙伴共进晚餐的好办法。席间他除了交代各人的职责之外，还郑重地向他们表示"我也跟你们一样需要钱"！

结果，由于彼此有了共同的目标，这个计划最后终于成功了。

鹏远这位老同学不愧是心理学的高才生，他很懂得运用人的心理来成事，在他发展的过程中，由于彼此有着共同

的目标，因而迅速拉近了彼此之间的距离。在人际交往中，若你与对方有共同的目标，则很容易就能增加彼此之间的亲密感。

当然了，除了共同目标能够增强亲密感之外，还有其他一些增强亲密感的技巧。鹏远的老同学自然也是将这些技能运用纯熟。他提到过一个细节便是，在他邀请这些人吃饭的时候，总是与人肩并肩地谈话，这样就能很快与对方进入熟识的状态。

"我听了你的故事，终于明白了李开复为什么也喜欢请人吃饭了。"鹏远打趣地对同学讲。

"你不要以为这顿饭很好吃，真是要注意很多细节，才能快速打开对方的心防，社交其实就是一场心理游戏啊。"老同学不无感慨地说道。

在商界摸爬滚打的人，自然是要熟知心理技巧，才能总是立于不败之地。李开复请人吃饭可不仅仅是一种联谊的社交手段，更多地能体现出人际交往中的心理学妙用之所在。

在这里要提醒的是，若与对方有共同点，就算再细微的也要强调。对于共同点一定要找出来，这样可以很快地消除彼此间的陌生感，产生亲近的感觉。这样不但可以使对方感到轻松，同时也具有使对方说出真心话的作用。

反客为主，失礼而不失"理"

《三国演义》中讲到，曹操率领大军南征，刘备败退，无力反击，大有坐以待毙之势。以刘备单独的力量，绝对无法与曹操的势力相抗衡，解决的办法只有一个，就是与江东的孙权联手。此时，诸葛亮自愿出使到江东做说客，他并不是像一般人那样低声下气地求孙权，却采用"反客为主"的方法，表现出一副强硬的态度，硬是激发了孙权的自尊心。

当时，东吴孙权自恃拥有江东全土和十万精兵，又有长江天堑作为天然屏障，大有坐观江北各路诸侯恶斗的态势。他断定诸葛亮此来是做说客，采取了一种居高临下的姿态等待着诸葛亮的衰求。

不想诸葛亮见到孙权，开门见山地说道："现在正值天下大乱之际，将军你举兵江东，我主刘备募兵汉南，同时和曹操争夺天下。但是，曹操几乎将天下完全平定了，现在正进军荆州，名震天下，各路英雄尽被其所网罗，因而造成我主刘备今日之败退，将军你是否也要权衡自己的力量，以处置目前的情势？如果贵国的军势足以与曹军相抗衡，则应尽快与曹军断交才好。"

诸葛亮只字不提联吴抗曹的请求，他知道孙权绝不会轻易投降，屈居曹操之下。孙权听完诸葛亮一席话，虽然不高兴，但不露声色，反问道："照你的说法，刘备为何不向曹操投降呢？"

诸葛亮针对孙权的质问，答道："你知道齐王田横的故事吗？他忠义可嘉，为了不服侍二主，在汉高祖招降时不愿称臣而自我了断，更何况我主刘皇叔乃堂堂汉室之后。钦慕刘皇叔之英迈资质，而投到他旗下的优秀人才不计其数，不论事成或不成，都只能说是天意，怎可向曹贼投降？"

虽然孙权决定和刘备联手，但面对曹操八十万大军的势力，心里还存在不少疑惑——诸葛亮看出这一点，进一步采用分析事实的方法说服孙权。

"曹操大军长途远征，这是兵家大忌。他为追赶我军，轻骑兵一整夜急行三百余里，已是'强弩之末'。且曹军多系北方人，不习水性，不惯水战。再则荆州新失，城中百姓为曹操所胁，绝不会心悦诚服。现在假如将军的精兵能和我们并肩作战，定能打败曹军。曹军北退，自然形成三分天下的局面，这是难得的机会。"

孙权遂同意诸葛亮提出的孙刘联手抗曹的主张，这才有后来举世闻名的赤壁之战。诸葛亮真不愧为求人高手。

人总是欺软怕硬的，遇到弱小的一方总是喜欢以强欺弱，非得把对方逼到无路可退的境地。这是人的一种劣根性。如果在生意场上，你居于弱势地位，当对方不肯轻易顺从你的意见，甚至显示出一种居高临下的姿态时，可以一上来就压制住对方，从而让对方屈从和改变主意，而你则反客为主，占据主动地位。生意场上，像一场没有硝烟的征战，谁能将主动权控制在手中，谁就能赢得制胜的先机，赢得更多的财富。

无事也要常登"三宝殿"

　　中国人常说"无事不登三宝殿"，意思就是登门拜访必然有事相求。然而，现在商务场上的那些应酬达人，早就抛弃了这个陈旧的观念，常常无事也登"三宝殿"，他们懂得用电话、短信、邮件或上门拜访等方式，牢牢拽住商场上的那个"贵人"，费心费力地经营着众多的黄金人脉，等待着这些黄金闪光的时刻，等待他们的光芒闪耀着他们。如果非到有事才求人，那么未免惹人反感。

　　王妍是某大学人文学院学工处的一名普通职员，她与经管系的系主任刘主任关系处得非常好，而据小道消息说经管系系主任很可能年内就会调任学工处处长一职，这样看王妍将来的日子会比较好过了。然而世事难料，年底人员调整时，刘主任却被调去当图书馆馆长了。这样一来，许多原本巴结刘主任的人立刻散得一干二净，让刘主任见识到了什么叫"人一走茶就凉"。就在这时，王妍来找刘主任，说道："刘主任，这没什么大不了的，哪天咱们一起去逛街散散心吧！"这正是刘主任最难过的时候，王妍的出现让刘主任感动得真不知道说什么好。从那以后，王妍有事没事就过去找刘主任聊天、逛街。

　　一年半后，该学院的院长调走了，新来的院长把刘主任提拔为主管人事的副院长，不用说王妍自然也跟着时来运转，她成了新一任的学工处处长。

　　王妍是个聪明人，她知道"三十年河东，三十年河西"这个道理，始终没有放弃她的贵人，也就为自己赢得了更美好的前途。

　　先做朋友，后做生意，这才是绝妙的商务

应酬法则。只要有时间，就要去拜访一下那些商场上的朋友，一起坐坐，聊聊天，互通信息的有无，说不定在这看似细微的言谈之间，你就抓住了你绝佳的发展契机。然而，前去拜访客户时要格外注意拜访的一些礼节，以免因小失大，引起客户的反感。

1.遵时守约

要想做一个受欢迎的客人，首先就要严格遵守预约的拜访，切忌迟到，要知道浪费别人的时间等于谋财害命；预约的拜访不能准时赴约，要提前打电话通知对方，即使责任不在自己，也要表达一定的歉意。

2.妥善处置自带物品

在进客户办公室之前，要先看看鞋上是否带泥。擦拭之后，先敲门再走进去。雨具、外衣等要放到主人指定的地方。如果主人较自己年长，那么主人没坐下，自己不宜先坐下。自己的交通工具如自行车要锁好，放在不影响交通的地方，如果放的位置不好或忘锁被盗，不仅自己受损失，也给主人带来麻烦。

3.言行谨慎

在客户处做客，不能大大咧咧地径直坐到席上，而要等主人力邀才"恭敬不如从命"；等人时，不要左顾右盼；主人奉茶之后，先搁下来，在谈话之间啜之最为礼貌。如果要抽烟，一定要征得主人的同意，因为吸烟会危害他人的健康；如果客户处未置烟灰缸，多半是忌烟的；如果掏烟打火，让主人匆忙替你找烟灰缸，是尤其不尊重人的举动。

无事也登"三宝殿"，其实也是为了将来有事求，不必吃"闭门羹"。然而，商务拜访中如果忽视了这些细节，在这些"冷庙"烧上再多的香，也不能在危难之时顺利抱住"佛脚"，难以拯救自己的职业命运。

不争之争，才是上争的策略

在风景如画的美国加利福尼亚，年轻的海洋生物学家布兰姆做了一个十分重要的观察实验。

一天，他潜入深水后，看到了一个奇异的场面：一条银灰色大鱼离开鱼群，向一条金黄色的小鱼快速游去。布兰姆以为，这条小鱼在劫难逃了。然而，大鱼并未恶狠狠地向小鱼扑去，而是停在小鱼面前，平静地张开了鱼鳍，一动也不动。那小鱼见了，便毫不犹豫地迎上前去，紧贴着大鱼的身体，用尖嘴东啄啄西啄啄，好像在吮吸什么似的。最后，它竟将半截身子钻入大鱼的鳃盖中。几分钟以后，它们分手了，小鱼潜入海草丛中，那大鱼轻松地追赶自己的同伴了。

此后数月布兰姆进行了一系列的跟踪观察研究，他多次见到这种情景。看来，现象并非偶然。经过一番仔细观察，布兰姆认为，小鱼是"水晶宫"里的"大夫"，它是在为大鱼治病。鱼"大夫"身长只有三四厘米，这种小鱼色彩艳丽，游动时就像条飘动的彩带，因而当地人称它"彩女鱼"。

鱼"大夫"喜欢在珊瑚礁或海草丛生的地方游来游去，那是它们开设的"流动医院"。栖息在珊瑚礁中的各种鱼，一见到彩女鱼就会游过去，把它团团围住。有一次，几百条鱼围住一条彩女鱼。这条彩女鱼时而拱向这一条，时而拱向另一条，用尖嘴在它们身上啄食着什么。而这些大鱼怡然自得地摆出各种姿势，有的头朝上，有的头向下，也有的侧身横躺，甚至腹部朝天。这多像个大病房啊！

布兰姆把这条彩女鱼捉住，剖开它的胃，发现里面装满了各种寄生虫、小鱼以及腐蚀的鱼虫。为大鱼清除伤口的坏死组织，啄掉鱼鳞、鱼鳍和鱼鳃上的寄生虫，这些脏东西又成了鱼"大夫"的美味佳肴。这种合作对双方都很有好处，生物学上将这种现象称为"共生"。

在大海中，类似彩女鱼那样的鱼"大夫"共有45种，它们都有尖而长的嘴巴和鲜艳的色彩。

这些鱼"大夫"的工作效率十分惊人。有人在巴哈马群岛附近发现，那儿的一个鱼"大夫"，在6小时里竟接待了300多条病鱼。前来"求医"的大多是雄鱼，这是因为雄鱼好斗，受伤的机会较多；同时雄鱼比雌鱼爱清洁，除去脏东西后，它们便容光焕发，容易得到雌鱼的垂青。有趣的是，小小的彩女鱼在与凶猛的大鱼打交道时，不但没受到欺侮，还会得到保护呢。布兰姆对几百条凶猛的鱼进行了观察，在它们的胃里都没有发现彩女鱼。然而，他却多次看到，这些小鱼进入大鲈鱼张开的口中，去啄食里面的寄生虫，一旦敌害来临，大鲈鱼自身难保时，它便先吐出彩女鱼，不让自己的朋友遭殃，然后逃之夭夭，或前去对付敌害。

在这个例子中，我们看到了生物之间彼此依靠、共栖共生的生存事实，特别是彩女鱼与其他鱼类之间那种温情脉脉的共存关系，不由得让人感到一丝温馨。在人类社会中，也需要合作、共赢。合作是维持秩序、克服混乱的重要法则，一旦要各自居功、互不相让，这个法则必然遭到破坏，世间的秩序将无从谈起。

老子说："只有无争，才能无忧。"利人就会得人，利物就会得物，利天下就能得天下。从来没有听说过，独恃私利的人，能得大利的。所以善利万民的人，如同水滋润万物而与万物无争，不求所得。所以不争之争，才是上争的策略。庸人不知，所以乐与相安；明白人知道，却也不怎么样。所以老子说："只有不争，所以天下无有能与他相争的了。"这就是虚己无我的作用。在生意场上，也可以以不争来争取获得更多的合作和利益。

设身处地为对方着想赢得信任

会打棒球的人都知道，当我们要接球时，应顺着球势慢慢后退，这样做的话，球劲儿便会减弱。与此相似，生意场上在与人合作的过程中，若能运用接棒球的那一套方法，使对方充分说出他的意见，认真倾听，并随时保持询问对方意见的风度，会很容易赢得对方信任，避免许多不必要的冲突。

杰克·凯维是加勒福尼亚州一家电气公司的一位科长，他一向知人善任，并且每当推行一个计划时，总是不遗余力地率先做榜样，将最困难的工作承揽在自己的身上，等到一切都上了轨道之后，他才将工作交给下属，而自己退身幕后。虽然，他这种处理事情的方法是很好的，但他太喜欢为人表率，所以常常让人觉得他似乎太骄傲了。

最近不知怎么搞的，一向神采奕奕的凯维却显得无精打采。原来最近的经济极不景气，资金方面周转不灵，再加上预算又被削减，使得科里的业务差点停顿。凯维看这种情形若继续下去，后果一定不可收拾。于是他实施了一套新方案，并且鼓励员工："好好干吧！成功之后一定不会亏待你们的。"但没想到眼看就要达到目标，结果还是功亏一篑，也难怪他会意志消沉了。平日对凯维就极为照顾的经理看了这些情形后，便对他说："你最近看起来总是无精打采的，失败的挫折感我当然能够了解，但是我觉得你之所以会失败，是因为你只是一味地注意该如何实现目标，却忽略了人际关系这个软体的工程，如果你能多方考虑，并多为他人着想，这种问题一定能够迎刃而解。"

经理停顿了一下，又接着说："大丈夫要能屈能伸，才是一个好的管理人员。我觉得你就是进取心太急切了，又总喜欢为员工做表率，而完全不考虑他们的立场，认为他们一定能如你所愿地完成工作，结果倒给了员工极大的心理压力。大概也就是因为这个缘故，大家都说你虽能干，但你的部属却很难为。每个人当然都知道工作的重要性，所以你大可不必再给他们施加压力。你好好休息几天，让精神恢复过来，至于工作方面，我会帮助你的。"

看了杰克·凯维的这一段亲身经历后，你一定也有相同的感触，那就是，要想在生意场上生存，并不是只靠热情与诚意便可取得成功的。如果不设身处地为自己的生意伙伴着想，你也不可能获得成功。只要你能奉"设身处地为对方着想"为圭臬，便可减少许多原可避免的困扰。

在生意场上总有那么一些人喜欢替别人乱出主意，或一开口便牢骚满腹，甚至喜欢改变别人，好管闲事。其实这两种人都并非人们所需要的人，一般人所需要的是可以理解他、了解他、安慰他、喜欢他的人。

"我理解你"，这短短四个字，就是你能向他人说出的最体贴、最温柔的一句话。换句话说，就是对方最乐于听到的一句话。

"我理解你"，当你对人说出这句话时，表示你能体会他的心情及他说话的意思，而对他来说，你便具有强大的魔力，而且非常值得信任，也能为自己找到生意上的好伙伴。

当众拥抱你的敌人，化被动为主动

人和动物有些方面是不同的，动物的所有行为都依其本性而发，属于自然反应；但人不同，经过思考，人可以依当时需要，做出各种不同的行为选择，例如当众拥抱你的敌人。

在生意场上，当众拥抱你的敌人，这是件很难做到的事，因为绝大部分人看到"敌人"，都会有灭之而后快的冲动，或环境不允许或没有能力消灭对方，至少也保持一种冷淡的态度，可见要爱敌人多么困难。就因为难，所以人的成就才有高下之分、大小之分，也就是说，能当众拥抱敌人的人，他的成就往往比不能爱敌人的人大。

能当众拥抱敌人的人实际上是站在主动的地位，采取主动的人是制人而不受制于人的，你采取主动，不只迷惑了对方，使对方搞不清你对他的态度，也迷惑了第三者，使其搞不清楚你和对方到底是敌是友，甚至误认为你们已化敌为友。是敌是友，只有你心里才明白，但你的主动，已使对方处于"接招""应战"的被动态势。如果对方不能也"爱"你，那么他将得到一个"没有器量"的评语，一经比较，二人的分量立即有轻重。所以当众拥抱你的敌人，除了在某种程度内降低对方对你的敌意外，还可以避免恶化你与对方的关系。换句话说，在敌友之间，留下了一条灰色地带，免得敌意鲜明，反而阻挡了自己的去路与退路，地球是圆的，天涯无处不相逢。

此外，你的行为使对方失去攻击你的立场，若他不理你的拥抱而依旧攻击你，那么他必招致他人的谴责。

所以，竞技场上比赛开始前，二人都要握手敬礼或拥抱，比赛后也一样再来一次，这是最常见的"当众拥抱你的敌人"。另外，政治人物也惯常这么做，明明是恨死了的政敌，见了面仍然要握手寒暄……

事实上，要当众拥抱你的敌人并不如想象中的那么难，只要你能克服心理障碍，你可以肢体上拥抱敌人，例如拥抱、握手。尤其是握手，这是较普遍的社交动作，你伸出手来，对方缩手的话，那是他的无礼；在言语上拥抱敌人，公开称赞对方、关心对方，表示你的诚恳，但切忌过火，否则会弄巧成拙。

有好处分他人一杯羹

一个人做事千万别做绝，好处全部得尽，这样的话你得势时虽然做到了初一，但等你失势时人家就会做到十五，到头来自己说不定就会落得个悲惨的下场，所以有好处时一定要分人一杯羹，这叫"与人方便，自己方便"。

常言道："人在江湖飘，哪有不挨刀"，很少有人能在这江湖是非之地叱咤风云而又全身而退，如果有的话，一来可以认为自己运气太好，没有碰到厉害的角色；二来太会做人，达到了无懈可击的程度。一代"红顶商人"胡雪岩，便是做到了后者的处世高手。

清朝著名的"红顶商人"胡雪岩，一生纵横官场与商场，黑白两道，上下通吃，做人真正地做到了"人精"的地步，他做人一个很重要的原则便是"利益均沾，资源共享"。这才成就了他一段"不朽"的传奇。

胡雪岩做生意，永远会把人缘放在第一位，"人缘"，对内指员工对企业忠心耿耿，一心不二；对外指同行的相互扶持、相互体贴。

胡雪岩对于金钱的看法是有他独到见解的，其中，很重要的一点便是与他人分一杯羹，好处共享。

有一次，胡雪岩打听到一个消息说外面运进了一批先进、精良的军火。消息马上得到进一步的确定，胡雪岩知道这又是一笔好生意，做成一定大有赚头。他立即找外商联系，凭借他老到的经验，高明的手腕，以及他在军火界的信誉和声望，胡雪岩很快就把这批军火生意搞定。

正当春风得意之时，他听商界的朋友说，有人在指责他做生意不仁道。原来外商已把这批军火以低于胡雪岩出的价格，拟定卖给军火界的另一位同行，只是在那位同行还没有付款取货时，就又被胡雪岩以较高的价格买走了，使那位同行丧失了赚钱的好机会。

胡雪岩听说这事后，对自己的贸然行事感到惭愧。他随即找来那位同行，商量如何处理这事。那位同行知道胡雪岩在军火界的影响，怕胡雪岩在以后的生意中与自己为难，所以就不好开列条件，只好推说这笔生意既然让胡老板做成了就算了，只希望以后留碗饭给他们吃。

事情似乎就这么轻易地解决了，但胡雪岩却不然，他主动要求那位同行把这批军火"卖"给他，同样以外商的价格，这样那位同行就吃个差价，而不需出钱，更不用担风险。事情一谈妥，胡雪岩马上把差价补贴给了那位同行。那位同行甚为佩服胡雪岩的商业道德。

如此协商一举三得，胡雪岩照样做成了这笔好买卖；没有得罪那位同行，博得了那位同行衷心的好感，在同行中声誉更加高了。这种通达的手腕和高超的做人"心机"日益巩固着他在商界的地位，成为他在商界纵横驰骋的法宝。

不乘人之危抢人饭碗是胡雪岩圆融的处事方式的具体体现。他一直恪守这一准则，使得他在商界获得了极好的名声。

胡雪岩在外经商多时，尽管自己不愿意做官，但和场面上人物来往身上没有功名，显得身份低微，才买了个顶戴，后来王有龄身兼三大职务，顾不了杭州城里的海运局，正好胡雪岩捐官成功，王有龄就说要委任胡雪岩为海运局委员，等于王有龄在海运局的代理人。

对此，胡雪岩以为不可。他的道理也很简单，但一般人就是办不到，其中关键，在于胡雪岩会退一步为别人着想。胡雪岩直告王有龄，海运局里有个周委员，资格老、辈分早，如果王有龄让胡雪岩坐上这个位子，等于抢了周委员应得的好处。反正周委员已经被他收服，如果由周某代理当家，凡事还是会与胡雪岩商量，等于还是胡雪岩幕后代理。既然如此，就应该把代理职位赏给周委员。

这样一来，胡雪岩避免了将周委员的好处抢去，也避免为自己将来树立一个潜在的敌人。所以说，他的"舍"实在是极有眼光、有远见的。

利用同样的观念，胡雪岩还曾帮助了王有龄一次。

王有龄官场得意，身兼湖州府知府、乌程县知县、海运局坐办三职，王有龄在四月下旬接到任官派令，身边左右人等无不劝他，速速赶在五月一日接任视事。之所以有这等建议，理由很简单：尽早上任，尽早搂到端午节"节敬"。

清代吏治昏暗，红包回扣、孝敬贿赂乃是公然为之，蔚为风气。风气所及，冬天有"炭敬"，夏天有"冰敬"，一年三节另外还有额外的收入，称为"节敬"。浙江省本来就是江南膏腴之地，而湖州府更是膏腴中的膏腴，各种孝敬自然不在少数，王有龄四月下旬获派为湖州知府，左右手下各路聪明才智之士无不劝他赶快上路，赶在五月一日交接。如此一来，刚上任就能大搂"节敬"。

王有龄就此询问胡雪岩的意见，胡雪岩却说："银钱有用完的一天，朋友交情却是得罪了就没得救！"他劝王有龄等到端午节之后，再走马上任。

胡雪岩之所以这样建议是有多方面考虑的，王有龄不是湖州第一任知府，在他之前还有前任，别人在湖州府知府衙门混了那么久，就指望着端午节"节敬"，王有龄可以抢在端午节头里接事，抢前任的"节敬"，当然名正言顺。可是，这么一来，无形中就和前任结下梁子，眼前当然没事，但保不准日后什么时候就会发作。要是将来在要命关键时刻发作，墙倒众人推，落井猛下石，那可就划不来了。

胡雪岩深深明白，好处自己不能占绝，干什么事情都不能吃干抹净，一定要为对方着想，有好处时分给对方一杯羹，这样才不会结下怨仇，等你失势时别人才不会落井下石。胡雪岩精通做事的"心机"，数次避开可能出现的陷阱，不愧是一代经商奇才，值得有心人效仿。

第十七篇

谈判周旋，以心攻心
让对方无力反击

不同的谈判对象，不同的语言策略

著名人际关系学家兰·勒贝茨先生指出，谈判时最怕碰到5种人。第一种是凶悍派，常用语言或肢体暴力威胁对方。譬如，"这是什么话"，或"我现在就要……"，或者"你要是不……我就……"。第二种是迟缓派，采取的是拖延战术。他会说"明天再说吧"，或"我没时间"。第三种是龟缩派，通常采取的是逃避策略。他常说"我不懂"，或"这不通"。第四种是高姿态派，习惯于用极端的要求吓倒对方。他会说"我只等到5点"，或"中午以前一定要交"。第五种是两极派，根本不谈，只逼你做要还是不要的决定。

没错，谈判过程中我们可能遇到各种各样的对手。这也是为何很多人喜欢戏称谈判是一场顽强的性格之战。客观来讲，这场性格之战主要是靠语言交流来完成的。那么，我们欲取得谈判的最佳效果，就要针对不同的谈判对象，采取不同的语言策略。

1.死板的对手

这种人谈判特点是准备工作做得完美无缺。他们直截了当地表明他们希望做成的交易、准确地确定交易的形式、详细规定谈判中的议题，然后准备一份涉及所有议题的报价表，陈述和报价都非常明确和坚定。死板的人不太热衷于采取让步的方式，因而讨价还价的余地大大缩小。与之打交道的最好办法，应该在其报价之前进行摸底，阐明自己的立场。应尽量提出对方没想到的细节。

2.霸道的对手

这种人的性格使得他们能直接向对方表示出真挚、热烈的情绪。他们十分自信地步入谈判大厅，不断地发表见解。他们总是兴致勃勃地开始谈判，乐于以这种态度取得经济利益。在磋商阶段，他们能迅速把谈判引向实质阶段。他们十分赞赏那些精于讨价还价，为取得经济利益而施展手法的人。他们自己就很精于使用策略去谋得利益。同时，希望别人也具有这种才能。他们对"一揽子"交易怀有十足的兴趣。作为卖者，他希望买者按照他的要求做"一揽子"说明。所谓"一揽子"意指不仅包括产品本身，而且要介绍销售该产品的一系列办法。

由于具有自身的优势，这种人常十分注意保护其在对外经济贸易以及所有事情上的垄断权。使对方在拨款、谈判议程和目标上受许多规定性的限制。与这种人打交道，一般应做到：准备工作要面面俱到；要随时准备改变交易形式；要花大量精力在讨价还价上，才能压低其价格；最终达成的协议要写得十分详细。

3.热情的对手

这类人的特点是，在业务上有些松松垮垮。他们的谈判准备往往不充分又不过于细致。这些人较和善、友好、好交际、容易相处，具有灵活性，对建设性意见反应积极。所以要多提建议性意见，并友好地表示意图，必要时做好让步。

4.好面子的谈判对手

这种人顾面子，希望对方把他看作是大权在握、起关键作用的人物。他喜欢对方的夸奖和赞扬，如果送个礼物给他，即使是一个不太高级的礼物，往往也能取得良好的效果。

5.冷静的对手

他们在谈判的寒暄阶段，表现沉默。他们从不激动，讲话慢条斯理。他们在开场陈述时十分坦率，愿意使对方了解他们的立场。他们擅长提建设性意见，做出积极的决策。在与这种人谈判时，应该对他们坦诚相待，采取灵活和积极的态度。

6.犹豫的对手

在这种人看来，信誉第一重要，他们特别重视开端，往往会在交际上花很长时间，其间也穿插一些摸底。经过长时间、广泛的、友好的会谈，增进了彼此的敬意，也许会出现双方共同接受的成交可能。与这种人做生意，首先要防止对方拖延时间和打断谈判，还必须把重点放在制造谈判气氛和摸底阶段的工作上。一旦获得了对方的信任，就可以大大缩短报价和磋商阶段，尽快达成协议。

针对以上6种人，我们总结出9种经典应对策略：

（1）对凶悍派特别有效的方式是引起他们的注意，必须把他们吓醒，让他们知道你忍耐的底线在哪里。其目的不是惩罚，而是要让他们知道你忍耐的极限。

（2）与凶悍派谈判时指出对方行为的失当，并且建议双方应进行更富建

设性的谈话，在这种情况下对方也会收敛火气。这时最重要的是提出进一步谈话的方向，给对方一个可以继续交涉下去的台阶。

（3）对于迟缓派或龟缩派，要安抚他们的情绪，了解他们恐惧的原因，然后建议更换时间或地点进行商谈，适时说出他们真正的恐惧，让他们觉得你了解他们而使他们获得安全感。这种方法对凶悍派也有效，只要他们产生了安全感，自然也不会失去控制。

（4）坚持一切按规矩办事。凶悍派、高姿态派、两极派都会强迫你接受他们的条件，你应拒绝受压迫，而且坚持公平的待遇。

（5）当对方采取极端立场威胁你时，可以请他解释为什么会产生这样极端的要求，可以说："为了让我更了解如何接受你的要求，我需要更多地了解你为什么会这样想。"

（6）沉默是金。这是最有力的策略之一，尤其是对付两极派，不妨这样说："我想现在不适合谈判，我们都需要冷静一下。"

（7）改变话题。在对方提出极端要求时，最好假装没听到或听不懂他的要求，然后将话锋转往别处。

（8）不要过分防御，否则就等于落入对方要你认错的圈套。在尽量听完批评的情况下，再将话题转到："那我们针对你的批评应该如何改进呢？"

（9）避免站在自己的立场上辩解，应多问问题。只有问问题，才能避免对方进一步的攻击。尽量问"什么"，而避免问"为什么"。问"什么"时，答案多半是事实；问"为什么"时，答案多半是意见，就容易有情绪。

擒贼先擒王，直接拿下真正的决策者

战场上人们常说"擒贼先擒王"，商务谈判时也要"擒贼先擒王"，抓住对方真正的决策者，才能快速达成协议。

谈判的时候，我们往往会要求对方一再让步，以接近我们的预期目标，而对方在几次让步之后，可能会以"你的要求实在超出了我们的预期之外，我做不了主"应答，或者是顾左右而言他，持闪烁不定的态度，于是谈判可能由此陷入僵局。

针对这种情况，一些外国谈判专家建议，人们可以直截了当地说："你老是回避问题，这样，我直接找你上级谈好了！"这在欧美等国家或许能很好地化解谈判僵局，促进谈判的进一步进行。但在中国，这种单刀直入的突破法却不一定能化解谈判的僵局，甚至还可能加剧谈判僵局的恶化，最终导致谈判的中止。

通常，我们在谈判中若遇到对方闪烁其词、不正面回答、顾左右而言他的应对态度，就需要仔细分析谈判当时的形势，搞清楚这是对方谈判的战术，还是他确实没有这种权限，不能直接给予承诺。如果是属于前者的情况，人们可以采取单刀直入，直接切入主题的方式应对，逼迫他做出正面回答。如果属于后者的情况，人们要明白一味地步步紧逼是徒劳无益的，要学会给对方留一点思考的余地，从而让对方背后那个真正的决策者浮出水面，只有抓住了真正的决策者，这场谈判才能更快地看到终点。

这种情况下，人们往往都会想着要找对方的上层领导交流，以改变当前谈判的僵持局势。但如果你"直捣黄龙"，直接找到谈判对手的上层领导谈判，不仅显得极为失礼，也可能会碰了钉子，不被接见。这时，就需要采取逶迤前进的方法，旁敲侧击地探听对方上层领导这个决策者的想法。

一般情况下，可采取下面几种逶迤前进的方法：

1.给出最后期限

面对这种僵局之时，人们苦于选择给出对方最后期限，给对方施加一些压力，告诉他说，因为我们面临了种种压力，所以这件事情一定要在明天谈出结果。谈判学者研究发现，在这种情况下，不是对方在第二天就获得授权了，就是有权负责的人立刻出现了。这对谈判的进展而言，无疑添加了不少动力。

2.让谈判升级

当谈判过程中，面对对方犹豫不决的态度，人们可选择将谈判升级，直接请自己的上层领导出面。如果我方的上层领导出面，对方自然倍感压力，于是为求对等，他只好也把自己的真正的决策者请出来。这样，谈判就进入终极阶段。

3.寻找合适的借口

万不得已时，人们苦于选择"直捣黄龙"的办法，直接找到其上层领导进行沟通。商务谈判时，经过仔细观察分析，如果你确定对方犹疑不决的态度并非谈判战术，而我们又面临时间压力，就可以用直捣黄龙的方法去逼对方。而为了使人们的这种越级行为不显得失礼，最好是事先寻找到合适的借口，最好是"不期而遇"，或"顺便提起"，这样就没有对抗的感觉，才可能顺利拿下这场谈判。

"擒贼先擒王"，我们只有在谈判时抓住那个真正的决策者，与之进行沟通商谈，才能尽快达成协议。

扼制，用你的嘴说出他的反对意见

谈判中，应当事先预测对方可能会提出哪些反对意见。你若抢在对方前将这些意见说出来，便可不费吹灰之力将其扼制住。

我们把方案带到对手那里去的时候，应当事先就料到对方会提出哪几种反对意见。如果坐到谈判席上，在意想不到的情况下突遭对方的反驳后再支支吾吾地招架，就会有失体面。

如果事先估计到人家会反驳，只是准备一些应答的对策还远远不够，这样很容易被对方打败。在争论中占据上风并不是谈判的根本目的，这充其量不过是谈判形势的走向问题。

那么，应当如何对待意料之中的反对意见呢？

当估计对方会予以反驳时，有这样一种对付的办法：在他们还没有说出之前，你让同伴将预料中的反面意见说出来，然后将其否定。

首先与同伴进行磋商，列举几条意想中的反对意见，事先布置好："估计对方会以此为理由攻击我们，你先主动地把这个问题提出来！"在谈判中，当同伴讲出了这个意见以后，你马上指出："不对，这种观点是错误的。"如此这般，将这些反对意见一个一个地化为乌有。同时，你方的几个人之间还可以故意发生争执。这样做不会在对方面前露出什么破绽，反而会在保全对方面子的情况下使其接受你方的方案。

反对意见多种多样，有的可以从理论方面回答，有的无法用语言去解释，只能凭自己的感觉去理解。对方提出的意见可以用道理来说明的部分很好处理，至于那些难以解释的问题，最好还是用内部争吵的方法来解决。比如数落自己的同伴："你总是提出这类问题，什么时候才能有点出息呢？"只有这种语言才能处理好这种反对意见。

坐在谈判席上，总是有意识地将与会者分为说服的一方和被说服的一方，这种想法要不得。对方有3个人，你方也有3个人，我们应当把这看作是与会的6个人正在共同探讨着同一个问题，而不是3比3的对话。

所以，己方的与会人员有时最好也处在相互敌对的关系上。因为如果总是保持一致对外的姿态，对方就会产生一种随时有可能遭到你方攻击的顾虑。把既成的事实强加于人，这是被说服一方最厌恶的一种做法。

当自己方内部互相争论的时候，很容易形成一种在场的所有人都在议论的气氛，结论也仿佛是在对方的参与下得出来的。于是在大家的思想中能够形成一种全体参与、共同协商的意识。

但是，若只有你一个人在场的时候又该怎么办呢？

无论事先做过多么周密的准备，一旦到了谈判桌上，仍然会察觉到要有某种反对意见出现。这时，你可以把它处理为临来之前曾经听到公司里有人提出过这种意见。这样，当你发觉这种反对意见即将提出的时候，就抢先说道："在公司里谈论这个方案的时候，有个家伙竟然这样说……"这么一来，不管有没有持这种意见的人，都会产生敲山镇虎的效果。说完以后，你还要征求对方有什么感想。听你这么一说，只要不是相当自信的人就很难说出"我也是这么想的"这句话。即使摩拳擦掌准备提出这种反面意见的人，也不愿落得与"这个家伙"相同的下场，所以只得应付说："是嘛，这么说可就太奇怪了。"

用这个办法，将对方的反面意见压制住，哪怕只有一次，在以后的谈判过程中对方就不会轻易反驳了。你方大致预料到反面意见的内容时，抢先说："谈到这里，肯定会有个别糊涂虫提出这么一种反对意见……"于是对方唯恐提出不恰当的反对意见后被人耻笑为"个别糊涂虫"。

此外，还有一个办法：抢先说出对方从他们自己的立场出发所产生的不安和所要承担的风险。如说："我如果是经理的话，这种事情太可怕了，恐怕不敢瞎说。"或者说："也有出现这种情况的可能，所以我如果站在经理的立场上，也许会想办法回避。"把自己所预料出现风险的可能性间接地表达出来。在达成协议还是谈判破裂的岔口上，语气再稍微强硬一些也未尝不可："如果站在经理的立场上，我会认为，造成谈判破裂要比被迫接受对方的条件可怕得多。"

总之，无论怎么说，反正不能让对方把反对意见先说出口，这与你方的意见让对方说出，令对方感到满足是一样的道理。对方的反对意见从你方嘴里说出来，这样做给人留下了对方反驳的观点你方已经研究透了的印象，就可以不费吹灰之力地将其扼制住。

两大让步策略，像高手一样决胜激烈谈判

谈判桌上风云变幻，任何一方都希望自己能够在复杂的局势中左右谈判的发展，于是，谈判在很多时候就像战场上打仗一样激烈。

一般来说，谈判进行到非常激烈的程度，往往需要有一方做出让步才能推动谈判继续进行。不过，对于让步的一方来说，并不一定要漫无目的、毫无原则地退让。若能有策略地退让，让步的一方同样可以为自己争取很多利益。

那么，让步的一方应该如何具体地去"让"呢？同样，我们仍先假设自己的让步分为四个阶段，将让步利益的总份额规定为18份。以下两种就是针对不同情况的参考策略。

第一种：这种策略适用于讨价还价比较激烈的谈判。在缺乏谈判知识或经验的情况下，以及在进行一些较为陌生的谈判时运用这种策略，效果也比较好。

让步策略：4.5—4.5—4.5—4.5，即在让步的各个阶段中等额地让出可让利益，让步的数量和速度都是均等稳定的。国际上将这种挤一步让一步的策略称之为"色拉米"香肠式谈判让步策略。

策略优点：这种策略对于双方充分讨价还价比较有利，容易在利益均沾的情况下达成协议。由于让步平稳、持久，坚持步步为营的原则，这样不仅使对手不会轻易占到便宜，而且如果遇到性急或没有时间长谈的对手则会因此占据上风而获利。

　　策略缺点：平淡无奇的让步模式不仅让步效率低，通常要消耗双方大量的精力和时间而使谈判成本增高，而且容易使人产生乏味疲劳之感。由于对方每讨价还价一次都会获得等额的一份利益，这就刺激了他们要进一步等待而诱发出要使本方出让更多利益的欲望。

　　第二种：此种策略宜于在竞争性较强的谈判中，而在具备友好合作关系的谈判中不宜使用。不过，这种策略要求谈判者本身应富有谈判经验。

　　让步策略：2.4—0.9—5.1—9.6，即在开始时在较适当的起点上让步，然后在第二步时做出减量让步的姿态，给对方一种已接近尾声的感觉。如果对方仍紧追不舍，再大步让利，最后在一个较高的让步点上结束。

　　策略优点：这种让步策略富于弹性和活力，如果对手缺乏经验和耐心，则可为本方保住较大的原可出让的利益。这样，后两步的大让步将让你的谈判对手发现他的谈判成功把握较大，从而促成谈判更容易成功完成。

　　策略缺点：前三期让步数量忽少忽多，容易使对手感到本方诚意不足；前两期与后两期相比，出让利益反差较大，对方又会因此而增高期望值，可能会力图继续讨价还价，增加不必要的麻烦。

　　相对而言，这种策略要求谈判者的谈判技术比较强，它要求谈判者能够有充分的能力去掩饰你的破绽，消除利用这种方法所带来的不利影响。

沉住气，不给对方可乘之机

　　卡耐基认为：在协议签署之前，最好不要将谈判意向公之于世，不能让对方知道你的用意。如果即将签署的协约在政治上有某种意义的话，是绝对不能声张的。一旦让对方知道这个协议你是非签不可的话，他会乘机让你做出非常大的让步，而你为了顾及面子又不得不忍痛割爱。

　　1977年，当时的英国首相詹姆斯·葛拉翰，在召开

政党大会时宣布，他的政府准备和波兰政府签署一份价值1亿英镑的造船协议。这项声明的用意是要提升他在工党里的声望。

但是这种方式使他在谈判时的防卫力量减弱。他公开了这项协议，必然引起公众的注意，那么，身为首相的詹姆斯·葛拉翰必然会签署这份协议，否则首相的面子就会受到重伤。但是，在他宣布时，这项协议还没有签署，双方还在谈判。

首相在政党大会宣布这项造船协议之前，英国政府代表乘飞机抵达波兰，双方正准备签署这份协议时，詹姆斯·葛拉翰首相宣布造船协议的消息传到了波兰。波兰谈判代表在即将签署协议的刹那间，忽然提出了几项原本不打算提出的要求。这几个项目大都是要求英国在财务及付款上做出的更进一步的让步，价值约100万英镑。英国代表立即向首相请示，詹姆斯·葛拉翰明知道这份让步过大的协议使英国政府至少损失100万英镑，但是，为了维护首相可以信赖的形象，他只得回答："照签！"

在协议签署之前，公布谈判意向并不一定都是坏事，但是，在双方为彼此的利益仍在讨价还价时就将其公布，显然不太明智，尤其是签署在政治上有一定意义的协约之前，一定要严守秘密。一旦被对方知道你已经造成了必须签署此协议的局势，只要双方还没有在协议上签字，其中一方依然有权利提出新的要求。你的选择也只有两个：谈判破裂或做出更进一步的让步，而这两种选择都会对你造成巨大的损失。

因此，作为谈判中的管理者在协议还没有正式签署之前，一定要沉住气，不要给对方制造可乘之机。

同步策略，让他顺着你的意思走

为了成功地说服和影响他人，成功地进行谈判，你必须知道如何处理随时可能出现的问题。尤其是一些人会反对你的意见或建议，尽管你有良好的意图，但他们仍会制造出各种障碍阻止你的意见或建议被采纳。

当你的主意不被赞同和接受时，你应该怎么处理呢？卡耐基曾向许多人提出这个问题。他们说，在大多数情况下，他们会屈服于这个障碍而放弃去影响这个人。他们做出这种反应往往是因为他们感到被动、愤怒、失望，提出这些建议是白费好心。这些情感反应在我们遭到别人的反对和抵制时会经常出现。甚至有时反应还比较激烈。

如果你足够明智的话，那就别在乎，简单的两步会帮助你克服这种阻力和抵制。我们依靠的就是先同步后引导的技巧。

为了弄懂这种两步策略的工作原理，你首先要问自己："当他们反对、抵制你极好的主意或给你的主意制造障碍时，你认为他们采取这种做法是想表明什么？"

他们这么做实际上是想说："我觉得与你相处不舒服"，"我感到我们不合拍"，"我们不是同路人"，"你不懂得我的思想、需要、感觉和看法"。

这里最重要的问题就是：你要恰当地采取一些措施使对方感到"与你相处舒服"，"与你合拍"，"与你是同路人"，"你理解他们"。

你给出的回答应该是取得与他们同步。为此你可以使用下面介绍的技巧来给对方留下好印象：

1.认真听和提问

比如，可以说："让我看看，我是否搞懂了你的反对意见，你的反对意见是如此这般……"

2.表示同意

比如说："我知道，你提出了一个好点子。我同意你的看法。你的建议看来没问题。"

3.巧妙的模糊词语

如果明显是那个人错了，或者他搞不清你的建议，你可以说："你知道，我一直在听你的反对意见，你说到了点子上"，或者"那是个主意"，或者"你可能是对的"。

在你缓和了同对方的关系之后，再着手去引导。你可以采取这些方法：提出你的要求；使用开放型问题；使用只能回答"是"或带"或"的封闭型问题。比如，请

教那个人你应当如何处理这些建议，他才可能愿意接受它。

下面是一个如何采取这种方法的具体例子。

我们假设你想让某人同你一起做一个项目。但是她反对说："我太忙，没时间做这个项目。"这时，你可不能这样回答："谁在乎你忙不忙？你必须做。"这可能确是你想说的话。然而，这么做将会伤害对方。

要做到自己和他人取得一致，你可以说："我知道你非常忙。"这么做她就会觉得你理解她的难处。然后你再采取引导的做法，问一个开放型问题："我们如果重新安排一下你的任务，你就能有足够的时间来做这个项目对吗？"这个问题会促使她进行思考，盘算她怎样才能做这个项目。

在这类谈判中，请记住：当别人反对你的主意时，他们实际想表示的是他们与你在一起不舒服。他们希望你做点什么或说点什么使他们感到舒服一些。

总而言之，谈判过程中，你若碰到某人反对你的建议或主意，应立刻着手取得同步。使用同步策略可以使别人感到你与他们合拍，或你至少懂得他们的思想、需要、感觉、看法、愿望和目标。当你已顺利地对某人进行说服时，你只要继续进行引导即可。

"鼓励"对手，突破最后一关

不得不承认，谈判的内容通常都是错综复杂的，在一些大型的谈判中，最高议题纪录可多达70项。

当谈判内容包含多项主题时，可能有某些项目已谈出结果，某些项目却始终无法达成协议。于是，多半会造成谈判进入僵局。可我们仔细想想，眼看谈判进行到最后阶段，那么多议题都通过了，只因为小部分议题的分歧而让整个谈判泡汤，岂不是因小失大吗？

因此，面对议题分歧所造成的僵局，千万不要惊慌失措或情绪沮丧，更不要一味指责对方没有诚意，要弄清楚僵局产生的真实原因是什么，即议题分歧点在哪里，然后运用有效的策略技巧突破僵局，使谈判顺利进行下去。

　　你肯定会问："什么样的策略才能在这种情况下轻松奏效呢？"很简单，在这种情况下，我们如果能够适当地"鼓励"对方："看，许多问题都已解决，现在就剩这些了。如果不一并解决的话，那不就太可惜了吗？"这就是一种用来打开谈判僵局的说法，它看起来虽然稀松平常，实际却能发挥莫大的效用，所以值得作为谈判的利器，广泛地使用。

　　尤其是牵涉过多项讨论主题的谈判，更要特别留意议题的重要性及优先顺序。譬如，在一场包含六项议题的谈判中，有四项为重要议题，另两项则不甚重要。而假设四项重要议题已有三项获得协议，只剩下一项重要议题和两项小问题，那么，为了能一举使这些议题也得到解决，你可以这么告诉对方："四个难题已解决了三个，剩下的一个如果也能一并解决的话，其他的小问题就好办了。让我们再继续努力，好好讨论讨论这唯一的难题吧！如果就这么放弃，大家都会觉得遗憾呀！"听你这么一说，对方多半会点头，同意继续谈判。当第四个重要议题也获得了解决时，你不妨再重复一遍上述的说法，使谈判得以圆满的结束。

　　当然了，打开谈判僵局的方法，除了上述"只剩下一小部分，放弃了多可惜！""已经解决了这么多问题，让我们再继续努力吧！"等说话的技巧外，尚有其他多种做法。不过，无论所使用的是哪一种方法，最重要的，是要设法借着已获一致协议的事项作为跳板，以达到最后的目的。

第十八篇
以心悦心，
好爱情是『算计』出来的

识破"男子汉"硬壳下的那颗脆弱之心

在《哈姆雷特》里，莎翁有一句名言："女人，你的名字叫弱者。"一直以来，人们总喜欢把与"软""弱"有关的名词用来形容女人，而男人则似乎与之毫无关联。其实不然，虽然男人外表上总是给人一种刚毅、坚强的印象，而背后却隐藏着一颗脆弱的心。

男人，甚至包括最弱小的男人，都自认为是强壮的，最起码认为比女人强壮。许多文学作品也把男人描写成巍然耸立的大山，而把女人描写为绕山而行的流水；或是把男人比喻为高耸挺拔的大树，而女人则喻作缘树而上的细藤。这一方面说明女人有依附性；另一方面，也说明男人历来被当作人类强者的化身。

不！事实不是这样，实际上男人比女人更脆弱！男人平时的天不怕、地不怕都是做给女人看的，是被整个男性文化逼出来的。大多数男人为了证明自己是个真正的男子汉，不愿意和脆弱有瓜葛，但生活中男人免不了有脆弱的时刻。我们一般很难看到男人的脆弱，主要是因为他们强忍着，只有当压力实在难以承受的时候，脆弱才表现出来。

随着社会的发展，男人"坚强"背后的脆弱症状一日更甚一日，他们许多优势正在逐渐丧失，要想凭借雄性的特征"占便宜"，只能是痴心妄想。如今男人在世上立足，不再依赖蛮勇的武力，所以他们粗壮的手臂越来越找不到"市场"，并且随着机械化、现代化程度的提高，使用体力的机会日益减少，手臂也就变得越来越纤细，宽阔的胸膛变得越来越狭窄，魁伟的体魄变得越来越萎缩。

从进化论的角度而言，男人体格特征上的退化恰恰是一种进化，因为我们人类的生存和发展不仅凭借生理力量，更多地要凭借头脑和心灵。男人们蜕去了若干不必要的体毛，弱化了一些不重要的体力，更能集中精力使大脑得到充分锻炼。但与此同时，男人与女人相比所占的优势正在逐步消失，以前许多只有男人才能从事的领域，因为不再仅仅需要体力，而被女人夺去了一大片天地，男人的脆弱也由此开始。

有人说，21世纪的第一性不再是男性而是女性，男人们正变得越来越脆弱，越来越需要关怀。今日"男人更需要关怀"命题地被提出，谁能说只是广告的威力，而不是男人心底深处的隐忧在作祟呢？我们在各种传媒上经常可以看到，男人们破产、倒台、事业走到穷途末路后选择自杀，而不少女人，遇到失败，选择的却是从头再来。

其实，男人不仅在心理上比女人脆弱，在生理上也是一样，过去我们一直忽略了这个问题。免疫学家说："男性是一种有缺陷的生物，如果双胞胎是一男一女，一般而言，其中的男孩从体力智力上都弱于女孩。"

男人的脆弱，还在于他不愿意公开承认自己的病痛、烦恼和压力，遇事总喜欢硬撑着。男人的口头禅是"没问题""没什么事儿"。实际上他们只想独自躲在一边大哭一场，像原始的野兽一样躲到山洞里，默默舔舐伤口。悲伤、沮丧、幻灭的感觉，男人也会有。这个时候，你诚心实意的关心只能更加让他们感到自己的弱点暴露无遗。对男人而言，流血是光荣的，拒绝用"创可贴"是神圣的。所以，他们有时会竖起坚硬的上面写着"免谈"的盾牌来掩饰自己。

另外，男人的脆弱还表现在小心眼儿上。由于一般观念认为，男人不应该在乎小事，所以从表面上看他们总是泰然自若，但内心就不一定是这样了。比如，被别人说了坏话，他就总是感到心神不定，变得无精打采。尤其是男性气质被否定，他们会特别在乎，一旦你对一个男人说"你还是个男人呢"之类的话，他就会受到刺激，甚至有可能为此恼怒你一辈子。

古人云："男儿有泪不轻弹，只因未到伤心处。"在所有的文化传统中，没有哪一种文化是鼓励男人随心所欲表达自己情感的，通常都认为轻弹泪者不自重，男人一哭，女人心中就无底，因此男人掩藏脆弱就成了理所当然的事。不过，由此我们也可以知道，男人并没有我们想象得那样强势，与其把我们的终生幸福交给这样一种不可靠的"动物"，不如我们自己去争取。

从男人的场面话里听"门道"

男人虚伪，所以最喜欢说场面话，如果你不能从他们的场面话里听出其真实的意图，就可能经常会曲解他们的意思，使自己处于被动的地位。比如，一个小气的男同事，经常抛出社交辞令客套邀约："哎呀，哪天我请大家吃饭吧！"如果你真对这顿饭抱有很大希望，最终必然会让你气得发晕，如果你不断提醒他，他不是跟你打哈哈，就是以冷眼相对。事实上，男人这种与本意相反的场面话，往往是因为内心的不安与恐惧，为求自我安慰，于是一而再，再而三，因循习了。

不过，话说回来，有时候场面话也是一种生存智慧，不仅男人需要说，我们女人也应该会说。这不是罪恶，也不是欺骗，而是一种必要。但前提是只有你听懂了他们的场面话，才能充分利用，最终皆大欢喜，否则便常常会被场面话伤害。

张丽毕业后在外地某中学教书，她一直想找机会调回本市，一天她的一个好朋友告诉她，市一中正好缺一个语文老师，看她能不能托个人调回来。张丽东打听西打听，还真打听到有一个远房亲戚在市教育局上班，虽然不是什么一把手，但还是能"说上话"的，于是她拿了点东西便去拜访这位从未谋过面的亲戚了。

他看上去还挺斯文的，对张丽也很热情，当面拍胸脯说："没问题！"张丽一听这话，便高高兴兴地回去等消息，谁知几个月过去，一点消息也没有。打电话去，不是不在就是正在开会，后来那个朋友告诉她，那个位置早已被别人捷足先登了。张丽一听这话，非常生气地说："自己没本事你早说啊，我还可以想别的办法，这不是害我嘛！"事实上，那位亲戚只不过说了一句场面话，而张丽则信以为真了。

男人的场面话有的是实情，有的则与事实有相当的差距。听起来虽然不实在，但只要不太离谱，听的人十之八九都会感到高兴。诸如"我全力帮忙""有什么问题尽管来找我"等，男人经常把这些话挂在嘴边，因为他们会觉得，当面拒绝别人自己会很没面子，所以用场面话先打发，能帮忙就帮忙，帮不上或不愿意帮忙就再找理由。

因此，对于男人拍胸脯答应的场面话，你只能持保留态度，以免希望越大，失望也越大。你只能姑且信之，因为人情的变化无法预测，你既测不出他的真心，只好先做最坏的打算。要知道男人说的是不是场面话也不难，事后求证几次，如果对方言辞闪烁，虚与委蛇，或避而不见，避谈主题，那么对方说的就真的是场面话了！

总之,我们对男人嘴里的场面话,要有清醒的头脑,否则可能会坏了大事。对于称赞、同意或恭维的场面话,也要保持冷静和客观,千万别因男人的两句话就乐过了头,从而影响你的自我评价。冷静下来,反而可看出对方是何用心。

学名人示爱,让她不自禁地心动

当你爱上一个人时,可能久久把"爱"字藏于心里,不敢向他袒露,因为害怕落花有意,流水无情,倘若说出来,连朋友都做不成了,只落得一场尴尬自己来收拾。然而你的内心又十分挣扎,总是躁动不安。与其这样,还不如向名人们学学,他们都是怎样运用巧妙示爱法来赢得爱人的心的。

1.双关修辞法

梁实秋垂暮之年梅开二度,爱上了比他小30岁的韩菁清。一天,他们在台北梅园餐厅共餐。梁实秋点了"当归蒸鳗鱼",韩小姐关切地说:"当归味苦啊!"

梁先生若有所思地说:"我这是自讨苦吃。"

韩小姐笑道:"那我就是自投罗网!"

两人相视哈哈大笑,心有灵犀一点通。

梁先生和韩小姐不愧是才子和才女,他们在道明爱意时,使用了修辞法中的双关法,使爱情充满了甜蜜和幸福。

2.实话虚说,借机抒情

1866年,陀思妥耶夫斯基的妻子玛丽亚和他的哥哥相继病逝。为了还债,他为出版商赶写小说《赌徒》,请了一位女速记员,她叫安娜·格利戈里耶夫娜,一个年仅20岁,心地善良、聪明活泼的少女。

安娜非常崇拜陀思妥耶夫斯基,工作认真,一丝不苟。书稿《赌徒》完成后,作家已经爱上了他的速记员,但不知道安娜是否愿意做他的妻子,便把安娜请到他的工作室,对安娜说:"我又在构思一部小说。""是一部有趣的小说吗?"她问。"是的。只是小说的结尾部分还没有安排好,一个年轻姑娘的心理活动我把握不住,现在只有求助于你了。"他见安娜在认真倾听,便继续说:"小说的主人公是个艺术家,已经不年轻了……"

安娜忍不住打断他的话："你干什么折磨你的主人公呢？"

"看来你好像同情他？"作家问安娜。

"我非常同情，他有一颗善良的心，充满爱的心。他遭受不幸，依然渴望爱情，热切期望获得幸福。"安娜有些激动。陀思妥耶夫斯基接着说："用作者的话说，主人公遇到的姑娘，温柔、聪明、善良，通达人情，算不上美人，但也相当不错。我很喜欢她。"

"但很难结合，因为两人性格、年龄悬殊。年轻的姑娘会爱上艺术家吗？这是不是心理上的失真？我请你帮忙，听听你的意见。"作家征求安娜的意见。

"怎么不可能！如果两人情投意合，她为什么不能爱艺术家？难道只有相貌和财富才值得去爱吗？只要她真正爱他，她就是幸福的人，而且永远不会后悔。"

"你真的相信，她会爱他？而且爱一辈子？"作家有些激动，又有点犹豫不决，声音颤抖着，显得既窘迫又痛苦。

安娜怔住了，终于明白他们不仅仅是在谈文学，而且是在构思一个爱情绝唱的序曲。安娜小姐的真实心理正如她自己所言，她非常同情主人公，即作家陀思妥耶夫斯基的遭遇，且从内心爱慕这位伟大的作家，如果模棱两可地回答作家的话，对他的自尊和高傲将是可怕的打击。于是安娜激动地告诉作家："我将回答，我爱你，并且，会爱一辈子。"

后来，作家同安娜结为伉俪。在安娜的帮助下，陀思妥耶夫斯基还清了压在身上的全部债务，并在短短的后半生写出了许多不朽之作。陀思妥耶夫斯基向安娜求爱的妙计，后来被世人当作爱情佳话，广为传诵。

在不敢肯定对方是否也有意于自己时，采用实话虚说的说话技巧，既能摸清楚对方的心理，又能避免在遭受拒绝时的尴尬，这不失为一个好办法。

3.以物为媒巧设"圈套"

马克思与燕妮一直互相爱慕着对方，但谁也没有表白。进入了青年时代的马克思，有一天对燕妮说："我已经爱上了一个人，决定向她求婚。"

燕妮愣了半天，问马克思："你能告诉我你所选择的姑娘是谁吗？"

马克思答道："可以呀。"边说边将一个小方盒递给燕妮，还说道："在里面，打开它，你便会知道了，不过，只能当我离开以后……"

等马克思走后，燕妮的心里七上八下，她终于启
开了盒盖，里面只有一面镜子，别无他物。燕妮恍然
大悟，幸福地笑了，镜子里照出了她美丽的容颜，
照出的正是被马克思深爱的燕妮自己。

聪明的马克思巧妙地借用一面
镜子表达了自己的心意。虽然没有
"我爱你"三个字，但是让燕妮明
白了他的心思。在中国传统戏曲中
也有《花为媒》《柜中缘》，都是
以某种物体为媒介，使一对有情人
终成眷属。现代生活中，也可以巧
用物体为媒介，借用这种媒介表达自己的感情。

莎士比亚说过："你有舌头吗？如果你不能用舌头博取女人的心，你就不
配称为男人！"示爱很有可能决定你一生的爱情归宿，是一件十分严肃而又颇
为困难的事，因此，你有必要费一番心思和口舌来把这件事做得漂亮成功。

温柔，女人智取男人的最好方法

有人说，男人爱上女人是女人一生的幸福，女人爱上男人是女人一生的
痛苦。因为女人不确定到底是这个男人爱她多一点，还是她爱这个男人更多
一点；她不确定这个男人到底爱着她还是爱着别的女人。所以，如果遇到一
个自己钟情，却不能一直相知相伴到老的人，那将叫人痛苦万分。

收服这样的男人，女人只要出"一招"就能制胜。这一招就是女人的柔情
似水，女人的温柔体贴。任何男人都抵挡不住一个女人对他"好"，尤其是温
柔的好，女人的柔情"润物细无声"能让男人不知不觉中"销魂断骨"。

香港富华国际集团董事长陈丽华的丈夫是电视剧《西游记》里唐僧的扮
演者迟重瑞。两人风风雨雨走过了这么多年，依然相敬如宾，恩爱甜蜜，一
起手牵着手散步，手牵着手看日落，但是谁又知道这对幸福的伴侣之前走过

了多少坎坷，陈丽华又是如何让这样一个"六根清净"的男人动心的呢？

20岁的陈丽华极具商业头脑，从做家具到做房地产，生意越做越大，商场得意爱情却不那么得意，正是如花的年纪却一直找不到自己的"白马王子"，直到1988年冬的一天，酷爱京剧的陈丽华来到中国京剧院唱戏，遇见了迟重瑞。当时，电视剧《西游记》红透全国，迟重瑞这个名字几乎家喻户晓。陈丽华和迟重瑞客串过几出京戏，便被这个为人很诚恳的小伙子深深吸引了，后来媒人搭线，两人慢慢走到一块，但是比陈丽华小10岁的迟重瑞腼腆而大男子主义，两人在一起的时候，迟重瑞特别怕别人发现，总是提心吊胆。陈丽华问他为什么要这样。迟重瑞嗫嚅了半天，说出了心里话："咱俩的事，剧院里已经传开了，有人说我傍大款，有人说我吃软食儿，难听极了。"

当时，陈丽华心里很难过。但是，一个女人一旦坠入情网就难以自拔，她是那样爱迟重瑞。于是，过了没多久，陈丽华提出结婚，她认为只有登记结婚了，才能使那些谣言不攻自破。

从南美洲蜜月旅行回来后，陈丽华把最好的朋友都请到新家聚会。酒酣耳热之际，陈丽华的一个女友要求大家安静一下："我在书房里发现了一封信，在这喜庆的时刻，我决定把这封信公之于众，即使因此得罪了丽华，也在所不惜。"信里，陈丽华向迟重瑞表达了自己的爱慕之情，言真意切，词词动情。信还没念完，大家都乐得笑出了眼泪。

木讷的迟重瑞嘀咕：陈丽华什么时候给他写过这样一封"肉麻"的情书呀？陈丽华悄悄掐了一下他手心，示意他别作声。迟重瑞恍然大悟：原来，这是爱妻导演的一出双簧啊。朋友散会后，迟重瑞眼含泪花说："其实，你本可以不必这样做的。只要我们相爱，别人说什么，又有啥关系呢？我们不必多作解释。"陈丽华幸福地依偎在丈夫胸前，低声笑着说："这叫舍卒保车嘛！"

用温柔来融化男人那颗冰冷的心，用心来呵护你的一叶方舟。"爱"不需要太猛烈，只需要柔情似水的甜蜜；"爱"中的人不需要清

醒，只需要几分"爱"的醉意。

男人总是喜欢温柔的女人，温柔、善解人意是女性最重要的品质和最吸引人的地方，一个女人一旦施以"温柔"，就是再不负责任的男人也离不开她，而男人如果也能适时的对自己喜爱的女人施以温柔，她们会对你报以更大的感激。

听懂女人话外音，不做她眼中的"木头"

其实，女人并没有我们想象得那么"简单"，有一些不能明说的话，她们会隐含在其他一些话当中，既想让你明白她们心中所想，又不破坏自己的淑女形象。这时候，你如果听不出来，她们可就真的拿你当"木头"了。

比如，你是一个部门领导，有一个女同事走进你的办公室，然后对你说道："我快要累死了！昨天、前天和大前天晚上，我都加班到十点钟才回家，我真的是累坏了！"你身为领导，听了那个人说的话，决定要找出隐含的讯息，也许很可能有其他讯息，是你应该知道的。

那个女人想要传达的心思可能是这样的："我实在需要别人帮忙，我知道公司雇用我做这个工作，是希望我自己一个人做，我担心的是，如果我对你说我需要帮忙，你会认为我没有替你做好工作，所以，我不想直接说出来，我只是告诉你，我现在的工作量太重了。"

另一个隐含的讯息可能是这样的："上一次你评估我工作成效的时候，提起工作态度的问题来，并且还说希望每个人都更加努力工作，现在我只是想让你知道，我正在照着你的指示去做。"

也有可能这个隐含的讯息可能是："我有点担心，怕保不住工作，遭到公司辞退，所以我希望你知道，我是个多么恪尽职责的职员。"

还有一个隐含的讯息是："我希望你这位上级主管对我说：'我知道你工作很努力，我非常欣赏你的工作态度。'"

总之，根据不同的背景，你应该能找出"我实在是快累死了"这句话背后代表的意思。

如果你觉得自己是个"单纯"的男生，没有女人那么多小心思，但又不能不懂她们所说的话，那么不妨试试下面的方法：

1.听声

同一句话，用不同的声调表达出来，其含义就不一样，有时甚至完全相反。你可以通过发现女人声调中的异常因素，做出辨析，抓住隐含其中的心思。

比如说"好啊！他行！他真行！"这句话，如果说话者说这句话时，语气上扬，听者便能感觉出这是在赞扬某人。但如果说话者刻意压低语调，刻意拖长"行""真行"，那意思就正好相反了，那就表示说话者对某人的严重不满，而这种不满情绪尽在言语之外。

很多情况下，同样一个意思，可以用肯定句、否定句、感叹句、假设句、反意句等许许多多的形式表达，可能不同的形式就表达不同的意思，这就需要你结合语境仔细辨析了。

2.辨义

女人总是从一定的角度来表达自己的思想，辨义主要是抓住她们说话的角度这个关键，发现其中的异常因素，从而看清她的真正意图。

女人对于不好明说的事情，经常会换个角度含蓄地表达出来，而这个角度的改变其实都没有脱离具体的场合，所以你不要以为对方跑题，只要你结合场合来分析对方说的话，就很容易悟出对方的意图。

3.观行

女人有时候碍于面子，难免会说些违心的话，这个时候表现出来的就是言行不一，你只要注意观察她的具体行为，就能意会其内心的真实想法。

有些女人心里不愉快，或生你气的时候，不会直接表达内心的不满，她们会绷着一张脸，用力地对你说："没什么！"或是用不耐烦的语气表示："算了！算了！不跟你计较！"一边说还一边乒乒乓乓地摔东西。即使是小孩，也看得出她们在生气！

其实，看透女人心思的方法很多，最关键的就是要善于结合语境，只要你用心去听，留神当时的场合，就不难听出她们隐晦的话语。